Martina Schneider

Welche Marke steckt dahinter?

No-Name-Produkte
und ihre namhaften Hersteller

südwest

Inhalt

Vorwort

Willkommen unter den Smart-Shoppern

No-Name-Produkt. Wie sich das schon anhört! Da steckt doch kein Hersteller dahinter, dem man trauen kann. Bei Küchenkrepp und Geschirrspül-Tabs greift man ja ganz gerne mal zum Billigprodukt, aber bei Salami oder Joghurt gehen viele Verbraucher dann doch lieber auf Nummer Sicher und kaufen die bekannte Marke. Da weiß man schließlich, was man hat! Geht es Ihnen genauso? Wenn ja, dann sind Sie in bester Gesellschaft. Die meisten Verbraucher verbinden mit Markenartikeln einen besonders hohen Qualitätsanspruch.

Mir ging es übrigens ähnlich. Bis zu dem Zeitpunkt, als ich für das WDR-Ernährungsmagazin ServiceZeit „KostProbe“ einen Fernsehbeitrag zum Thema Marken- und Billigprodukte erstellte. Ich begann zu recherchieren, wie man die Hersteller von so genannten No-Name-Produkten ermitteln kann. Das klappt zwar nicht bei allen Produktgruppen, aber bei überraschend vielen Lebensmitteln lässt sich mit ein paar Tricks doch ganz gut herausfinden, welche Firma dahinter steckt. Zum einen helfen uns dabei gesetzliche Vorgaben wie die Veterinärkontrollnummer, zum anderen können wir Kriterien wie Herstellungsort, Verpackungsart, Zutatenliste und Stempelaufdruck vergleichen.

Im Zuge meiner Recherchen stapelten sich immer mehr leere Lebensmittelverpackungen in meinem Büro. Keine Frage: Das Thema hatte mich gepackt. Ich begann, in der Erwachsenenbildung Smart-Shopping-Kurse zu geben. Regelmäßiger Teil dieser Seminare sind Blindverkostungen von Marken- und Billigprodukten, bei denen die Teilnehmer herausschmecken müssen: Was ist Marke? Was ist No-Name? Gar keine so leichte Aufgabe – die Testprodukte schmecken oft ziemlich ähnlich. Und so verwunderlich sind die Ergebnisse dann auch nicht: In vielen Fällen steckt nun einmal der gleiche Hersteller dahinter. Das muss zwar nicht bedeuten, dass auch der Inhalt identisch ist, aber es lohnt sich in vielen Fällen, einmal die Probe aufs Exempel zu machen.

Billig einkaufen um jeden Preis – darum geht es beim Smart Shopping sicher nicht. Fangen Sie einfach an, wieder mehr Ihrem eigenen Urteilsvermögen zu vertrauen. Beurteilen Sie die Qualität von Lebensmitteln nicht nur nach deren Bekanntheitsgrad, sondern verlassen Sie sich auf Ihre eigenen Sinne, studieren Sie die Zutatenliste, orientieren Sie sich an Testergebnissen.

Sie werden sehen: Zu vielen bekannten Marken gibt es Alternativen, die ebenso hochwertig, aber um einiges günstiger sind. Wer diese Lebensmittel herstellt, erfahren Sie hier.

Viel Vergnügen bei Ihren künftigen Smart-Shopping-Touren durch die Lebensmittelgeschäfte wünscht Ihnen

Martina Schneider

No-Name-Produkte – namenlose Qualität

Der Begriff No-Name-Produkt steht als Synonym für Handelsmarken, bei denen wir Verbraucher nicht erkennen können, wer sie hergestellt hat. Aufgekommen ist dieser Trend in den 70er Jahren. Plötzlich hatte jeder Handelskonzern seine eigene Hausmarke. Die Produkte hießen „Die Weißen“, „Die Sparsamen“ oder „ja!“ – eine übergreifende Dachmarke, vom Schokoladenkeks bis zum Waschpulver. Die Supermärkte wollten mit diesen günstigen Eigenmarken dem Discounter-Giganten Aldi kontra geben, nach dem Motto: Auch wir können billig!
Qualität und Optik dieses Sortiments ließen jedoch oft zu wünschen übrig. Kein Wunder, schließlich hatte der Handel bislang ja keine große Erfahrung mit eigenen Hausmarken. Und wer es sich als Verbraucher leisten konnte, ließ die unscheinbaren Billigprodukte lieber links liegen.

Duell zwischen Herstellermarken und Handelsmarken

Heute ist das anders. Zum einen hat Aldi jahrzehntelange Pionierarbeit geleistet und bewiesen, dass „günstig“ nicht gleich zu setzen ist mit „minderwertig“. Zum anderen haben auch alle anderen Konzerne kräftig am Konzept ihrer eigenen Handelsmarken gefeilt und diese Idee mit großem Engagement vorangetrieben.
Und wie sieht es mit den Produkteigenschaften der Handelsmarken aus? Da liegen mittlerweile zahlreiche Untersuchungen vor, die alle in eine Richtung gehen: Eigenmarken des Handels sind heute auf dem gleichen Qualitätsniveau wie die bekannten Markenartikel.
Wer die Waren produziert, sollen wir Verbraucher trotzdem nicht erfahren. Die Branche hüllt sich in Schweigen. Kaum ein Markenhersteller gibt zu, dass von seinen Bändern auch No-Names laufen. Schließlich sollen die Verbraucher zum teureren Markenprodukt und

nicht zur Alternative im Billigmäntelchen greifen. Entweder auf der Packung steht lapidar: „Hergestellt für Rewe, Plus, Penny ...“ oder es tauchen unbekannte Firmennamen auf. Auf der Buttermilch steht dann eine „T.M.A“ GmbH, auf den tiefgekühlten Hähnchenschenkeln eine „allfein Feinkost GmbH“. Für uns Verbraucher völlig fremde Namen. Klingeln würde es allerdings dann, wenn wir Müller-Milch oder Wiesenhof hören würden.

Wenn in diesem Ratgeber die Rede von No-Name-Produkten oder Billigprodukten ist, sind damit so genannte Handelsmarken oder Eigenmarken des Handels gemeint. Handelsmarken sind firmeneigene Labels. Auf der Verpackung steht meist nur: Hergestellt für Penny, Plus, Rewe etc. Wir erfahren also in der Regel nicht, **von wem**, sondern nur **für wen** die Ware hergestellt wird.
Im Gegensatz zu den Handelmarken gibt es Herstellermarken, die im Besitz der Produzenten liegen, wie zum Beispiel Milka, Nescafé, Persil, Nutella, Rama oder Bifi. Und genau auf diesen Vergleich kommt es uns in diesem Ratgeber an: **Wir vergleichen Handelsmarken mit Herstellermarken.**

No-Names: Markenprodukte mit Tarnkappe

Fast jedes fünfte Lebensmittel in den Ladenregalen ist bereits ein Handelsprodukt. Bis zum Jahr 2010 soll sogar jeder dritte Artikel zu den Handelsmarken zählen.
Salzstangen von Penny und Orangensaft von Lidl verdrängten ihre renommierte Konkurrenz aus den Regalen, sehr zum Verdruss der Markenhersteller. So schimpfte denn auch jüngst Unilever-Vorstandschef Johann C. Lindenberg auf der Jahrespressekonferenz: „Unsere Produkte werden von Handelsmarken einfach kopiert und preislich abgesenkt.“ Doch was die Hersteller gerne verschweigen: Auch sie

profitieren vom Boom der Billigprodukte, denn diese Waren werden oftmals von den Großen der Branche produziert, „under cover“ sozusagen.

Nestlé räumt zumindest „Randgeschäfte“ ein, viele weitere Hersteller geben sich noch zugeknöpfter. Geht man jedoch mit offenen Augen durch die Läden, zeigt sich ein anderes Bild. Wir fanden bei unseren Recherchen zahlreiche etablierte Produzenten, die nicht nur ihre eigenen Marken ins Regal bringen, sondern auch „No-Names“ für Penny, Norma, Aldi, Lidl & Co. produzieren. Die Liste liest sich wie das „Who is Who“ der Nahrungsmittelbranche: Schöller, Bauer, Zott, Müller, Zimbo, Wiesenhof, Coppenrath & Wiese, Buko, Campina, Frosta, Hochland, Borgmann, Milram, Herta …

Doch bevor Sie jetzt falsche Schlüsse ziehen: Nur weil ein Markenhersteller auch No-Names produziert, heißt das noch lange nicht, dass in beiden Produkten der gleiche Inhalt steckt. Hier beginnt die Fleißarbeit der Schnäppchen-Jäger: Zutatenliste, Nährwertkennzeichnung, Aussehen und Geschmack vergleichen. Nur so kann man herausfinden, ob sich Produkt A und Produkt B ähneln. Bei Preisunterschieden, die in der Regel zwischen 20 und 30 Prozent liegen (manchmal sogar über 50 Prozent), macht sich diese Mühe jedoch schnell in barer Münze bezahlt.

Der Marktanteil von Discountern liegt derzeit bei 37,3 Prozent. Jedes fünfte Lebensmittel ist bereits ein No-Name-Produkt.

Die Qualität von No-Name-Produkten

Die Zeitschrift „Öko-Test“ hatte vor einiger Zeit ein interessantes Projekt durchgeführt: Um herauszufinden, wie No-Name-Produkte am Frühstückstisch abschneiden, ließ sie 45 Billigmarken testen. Von Kaffee über Honig bis zu Aufbackbrötchen wurden Eigenmarken von

Spar, Penny, Plus, Lidl, Aldi, real, Rewe und Tengelmann auf ihre Inhaltsstoffe getestet. Das Ergebnis konnte sich sehen lassen: So wurden in keiner der neun Erdbeer-Konfitüren Pestizide gefunden, sechs von sieben Aufbackbrötchen waren frei von Aflatoxinen, in keiner Vollmilch-Probe waren Antibiotika vorhanden. „Ein Spitzenergebnis für die Eigenmarken!“ bescheinigte denn auch „Öko-Test“ dem günstigen Frühstückssortiment und verwies darauf, dass Eigenmarken auch bei anderen Tests „häufig gut abschneiden“.

> Einer aktuellen Studie der Unternehmensberatung McKinsey zufolge schätzen die Kunden von Discountern neben den günstigen Preisen und dem übersichtlichen Sortiment vor allem die Qualität der Eigenmarken.

Für manche Verbraucher sind derartige Ergebnisse nicht nachvollziehbar. Wenn die Halbfettmargarine von Penny nur 55 Cent kostet und eine Riesenpackung Cornflakes von Plus für gut einen Euro zu haben ist, können doch keine hochwertigen Rohstoffe verarbeitet worden sein? Eine verständliche und berechtigte Überlegung. Aber in der Ernährungsbranche gelten andere Spielregeln. Um es einmal so auszudrücken: Preis und Qualität müssen nicht zwangsläufig in Zusammenhang stehen.

Discounter: Schlichter, nicht schlechter

Der unterschiedliche Preis von Handels- und Herstellermarken hängt natürlich auch mit dem unterschiedlichen Konzept von Discountern und Supermärkten zusammen. Das Sortiment von Discountern beschränkt sich auf Waren des täglichen Bedarfs. Die Auswahl ist gering. Statt einem Dutzend verschiedener Ketchup-Sorten gibt es drei oder vier, darunter ist immer eine Handelsmarke. Das spart Platz, Verwaltungsaufwand und erhöht die Einkaufsmenge pro Produkt. Die Ladeneinrichtung ist spartanisch, statt Regale tun es auch Paletten. Große Verbrauchermärkte und Supermärkte benötigen einen Aufschlag von rund 30 Prozent auf die Einkaufsprodukte, um ihre Kosten zu decken. Discounter kommen mit rund 15 Prozent aus. Teilweise werden so genannte Schnelldreher – das sind Produkte, die besonders gefragt und damit schnell verkäuflich sind – sogar nur mit fünf Prozent Aufschlag versehen.

Und natürlich spielt die gigantische Marktmacht der „Big Player" im Lebensmittelhandel eine Rolle. Der Handel macht die Preise. Die acht größten Lebensmitteleinzelketten – Metro, Rewe, Edeka/AVA, Aldi (Nord / Süd), Schwarz-Gruppe (Lidl, Kaufland), Karstadt, Tengelmann und Spar – vereinen heute über 80 Prozent des Gesamtumsatzes im Lebensmitteleinzelhandel auf sich. Die großen Gewinner dieser Entwicklung sind die jeweiligen Eigenmarken der Konzerne. Aufgrund des Konzentrationsprozesses entsteht ein massiver Druck auf die Lieferanten. Und da der Handel bei seinen Eigenmarken den Hersteller wechseln kann, ohne dass darunter die Markenidentität leidet, wird die Verhandlungsposition für die Nahrungsmittelhersteller zusätzlich erschwert. Um trotzdem im Geschäft zu bleiben, sind viele Produzenten zu massiven Preiszugeständnissen bereit. Und die gibt der Handel bei seinen Eigenmarken an die Verbraucher weiter.

Die acht Big Player im Lebensmittelhandel

1 Metro (u. a. real, Extra, Kaufhof)
2 Rewe (u. a. Rewe-Märkte, toom, HL, miniMAL, Penny)
3 Edeka / AVA (u. a. Edeka- Neukauf, Edeka-Center, Marktkauf)
4 Aldi (Nord und Süd)

5	Schwarz-Gruppe (u. a. Lidl, Kaufland)
6	Karstadt, Quelle
7	Tengelmann (u. a. Plus, Tengelmann, Kaiser's)
8	Spar (u. a. Spar, Eurospar, netto)

Imitat statt Original

Die Food-Branche steckt jährlich rund 1,5 Milliarden Euro in die Entwicklung neuer Produkte. Doch dieses Engagement ist mit einem hohen Risiko verbunden: Nur jede zweite Innovation überlebt das erste Jahr nach seiner Markteinführung. Die gigantischen Investitions- und Werbekosten möchten sich die Hersteller natürlich gerne beim Endverbraucher wieder holen – über einen hohen Preis. Doch so einfach geht die Rechnung nicht auf: Sobald sich ein neues Produkt am Markt etabliert hat, schießen die Handelsmarken hinterher. Dann wird abgekupfert, was das Zeug hält.

So haben Nestlé und Campina beispielsweise vor zehn Jahren mit der Einführung probiotischer Joghurts begonnen, bald darauf füllten sich die Regale der Discounter mit adäquaten Handelsmarken, zum Beispiel „Pianola" von Lidl statt „LC 1" von Nestlé. Das trifft auf alle erfolgreichen Markenartikel zu. Bei Penny liegen an Stelle der Mini Windbeutel von Coppenrath & Wiese die gefrorenen Windbeutel der eigenen Handelsmarke „Café Time" in der Truhe. Bei Plus gibt es außer dem Vienetta-Eis von Langnese-Iglo ein vergleichbares Eigenmarken-Eis mit dem Namen Romanza. Bei Kaufland hat der Kunde die Wahl zwischen den Original Kellogg's Crunchy Nut und einer weitaus günstigeren

> **Wir neigen dazu, „Etiketten zu trinken" oder „Banderolen zu rauchen".**
> *Dieter Brandes, ehem. Aldi-Aufsichtsratsmitglied*

Kopie, die unter dem Kaufland-Label „K-Classic“ vermarktet wird. „Me too“ heißen diese Imitate in der Branche. Und da deren Entwicklungsaufwand natürlich ungleich niedriger ist als der fürs Original, sind sie deutlich günstiger.

No-Name-Produkte: rund 30 Prozent günstiger

Dazu ein Exempel aus der Praxis: Als ich für den WDR einen Fernsehbeitrag zum Thema Handelsmarken/Herstellermarken erstellte, führten wir ein kleines Experiment durch: Wir ließen zehn Verbraucher im Blindversuch Billig- und Markenprodukte gegeneinander testen, darunter Bockwürstchen, Eis, Pflaumenkuchen und vieles mehr. Dabei achteten wir natürlich darauf, dass die Produkte vergleichbar waren – also die gleiche Verkehrsbezeichnung und eine sehr ähnliche Zutatenliste hatten.

Da die Testpersonen nicht wussten, was Marke und was Billigprodukt ist, mussten sie einfach ankreuzen, was ihnen besser schmeckte. Das Resultat überraschte alle: Bei vier von neun Lebensmitteln konnten die meisten Test-Esser überhaupt keinen Geschmacksunterschied feststellen. Bei den anderen Produkten bevorzugten sie einmal die Marke, einmal das Billigprodukt. Nur bei der Schoko-Haselnuss-Creme von Mibell (Edeka-Eigenmarke) waren sich alle einig: Hier schmeckt ihnen das Original-Schokowölkchen von Onken eindeutig besser. Dann kam der Taschenrechner auf den Tisch und wir überschlugen, wie viel unsere Testpersonen hätten sparen können, wenn sie bei den mit „gut“ ausgezeichneten Produkten statt der Marke die Billigvariante gekauft hätten. Wir kamen auf eine Preisersparnis von 35 Prozent.

Diese Summe wird auch von Experten bestätigt: Dr. Ulrich Wolters, ehemaliges Mitglied des Aldi-Verwaltungsrates, bestätigte in einem

Vortrag vor Studenten der „European Business School": „Im Durchschnitt rangieren die Preise der Handelsmarken rund 33 Prozent unter den Preisen der Herstellermarken."

Doppelt geprüft hält besser

So bizarr sich das auch anhört: No-Name-Produkte unterliegen besonders strikten Qualitätsvorgaben. Sie werden zweifach geprüft. Einmal vom Hersteller selbst, der ja ohnehin alle gesetzlichen Vorschriften bezüglich Qualität und Hygienestandards einhalten muss. Und zum andern von den Handelsketten, die noch einmal ganz eigene Vorstellungen darüber haben, wie ihr Produkt beschaffen sein soll. In der Regel drückt der Handel seinen Vertragspartnern ein dickes Pflichtenheft in die Hand, bevor sie mit der Produktion beginnen dürfen. Welche Kartoffelsorten kommen bei der Chips-Herstellung zum Einsatz? Aus welchem Herkunftsland stammen die Walnüsse für das Nussgebäck? Mit welchem Pflanzenöl wird die Mayonnaise produziert? Derartige Spezifikationen kann der Handel bei seinen Eigenmarken vorschreiben. Zudem wird der Produzent in der Regel dazu verpflichtet, externe Labors mit der Überprüfung der Produkte zu beauftragen.

Das neueste Schlagwort in der Branche heißt IFS – International Food Standard. Nahezu alle großen Handelsketten fordern mittlerweile von ihren Eigenmarken-Produzenten, sich nach diesem Standard zertifizieren zu lassen. Damit wird die Messlatte für Transparenz, Sicherheit und Hygiene noch ein Stückchen höher angelegt. Der Handel kann damit seinem Lieferanten zum Beispiel auch Vorgaben darüber machen, wie dessen Betriebsräume gestaltet sein sollen, welche Verpackungsmaterialen zum Einsatz kommen oder wie das Abfallmanagement geregelt sein muss. Hintergrund für diese aufwändigen Maßnahmen ist natürlich auch das Produkthaftungsgesetz. Wenn in einem Vanillepudding Salmonellen gefunden werden und auf der Ware steht: „Hergestellt für Plus, Penny, Rewe ...“, dann ist eben auch Plus, Penny oder Rewe haftbar. Und auf diese Schlagzeilen kann jedes Handelsunternehmen getrost verzichten.

So läuft's bei Aldi

Dieter Brandes, ehemaliges Mitglied des Verwaltungsrates bei Aldi, hat nach seinem Weggang einen Einblick in die Qualitätskontrollen des Hauses gegeben. Hier ein kleiner Auszug aus seinem Sachbuch „Konsequent einfach“:

„Der Einkauf und die Warenannahme haben in jedem der über 60 Läger ihre Pflichten zu erfüllen. Dazu gehören sensorische Prüfungen, Laboranalysen – natürlich bei Fremdlabors – aber auch Gewichtsprüfungen oder sogar zu zählen, ob die Toilettenpapierrolle auch wirklich die ausgelobten 200 Blatt hat. Von allen Kontrollen werden entsprechende Protokolle angefertigt.

Einige Beispiele:

- Bei Obst-, Gemüse- und Fischkonserven werden von jeder eingehenden Partie Muster gezogen.
- Bei Frischobst werden ebenfalls von jeder eingehenden Partie Muster gezogen und Einzelstücke auf Gewicht kontrolliert.
- Jede Woche werden mindestens zwei Wurstprodukte kontrolliert.
- Bei Eiern erfolgen die Gewichts- und Qualitätskontrollen von jeder eingehenden Partie nach besonderen detaillierten Regeln.
- Im Rahmen der Tageskontrolle werden täglich zehn Artikel aus dem Lagerbestand geprüft.
- Jeder Einkäufer führt in der ihm zugeordneten Artikelgruppe Qualitätsvergleiche mit Konkurrenzartikeln durch.“

Dem Hersteller auf der Spur

Sicher kennen Sie die Situation: Sie stehen vor der Tiefkühltheke, wollen sich für den Abend schnell eine Pizza mitnehmen und sind völlig geplättet von dem Riesensortiment. Die Theke hält auf einer Länge von zwei Meter für Sie über 15 verschiedene Salami-Pizzas parat. Sie sind aber natürlich unter Zeitdruck, wollen sich keine kalten Hände holen und haben nebenbei auch gar keine Lust, Verpackung oder Zutatenliste von 15 verschiedenen Sorten zu studieren. Also greifen Sie zu dem Produkt, das Sie aus der Werbung kennen. Das glückliche Pärchen beim romantischen Kerzenschein haben Sie – wenn auch nur unbewusst – irgendwo im Hinterkopf.
Doch vielleicht liegt in der Theke ein günstigeres Produkt, das ebenfalls von Ihrem Lieblingshersteller produziert wurde? Mit einem raschen Blick können Sie das überprüfen.

Der Schlüssel zum Schloss: die Veterinärkontrollnummer

Der Europäischen Union sei Dank: Bei allen abgepackten Milch-, Fleisch- oder Fischerzeugnissen, die innerhalb des Europäischen Binnenmarktes verkauft werden sollen, muss auf der Verpackung ein so genanntes Genusstauglichkeitskennzeichen angegeben werden. Hintergrund dieser Kenzeichnung ist der Schutz der Verbraucher vor verdorbenen oder anderweitig ungenießbaren Nahrungsmitteln. Bei Lebensmittelskandalen lässt sich auf diese Weise sofort ermitteln, woher die Ware stammt, so dass man Nachforschungen und Rückrufaktionen starten kann.
Das Genusstauglichkeitskennzeichen gibt den Herstellungsbetrieb wieder, in dem das Produkt „zum letzten Mal bearbeitet oder verpackt“

wurde. In der Regel bedeutet diese vorsichtige Formulierung einfach „hergestellt wurde“. Und zwar unabhängig von den Marken, die dieser Betrieb produziert. Für uns Verbraucher ist dieses Zeichen also die beste Möglichkeit, bei No-Name-Produkten den wahren Hersteller auszumachen. Es muss sowohl die Kennziffer des Herkunftsstaates (angelehnt an die KFZ-Länderkennzeichen), die Veterinärkontrollnummer des jeweiligen Betriebes sowie die Abkürzung EWG oder EG angegeben sein.
Hier ein Beispiel für einen Molkereibetrieb: D NW 303 EWG. Dabei steht D für Deutschland, NW für Nordrhein-Westfalen, die Zahlenkombination 303 für die Onken GmbH in Moers und EWG für Europäische Wirtschaftsgemeinschaft.
Bei Fleisch und Fisch verarbeitenden Betrieben wird die Art des Bearbeitungsbetriebes angegeben, zum Beispiel D EV 292 EWG. Hier steht D für Deutschland, EV für Fleisch verarbeitenden Betrieb, die Zahlenkombination 292 für die Zimbo Fleisch- und Wurstwarenproduktion GmbH & Co. KG in Börger, EWG für Europäische Wirtschaftsgemeinschaft.
Die Bundesländer werden folgendermaßen abgekürzt:

Abkürzungen der Bundesländer

BB	Brandenburg	**NI**	Niedersachsen
BE	Berlin	**NW**	Nordrhein-Westfalen
BW	Baden-Württemberg	**RP**	Rheinland-Pfalz
BY	Bayern	**SH**	Schleswig-Holstein
HB	Bremen	**SL**	Saarland
HE	Hessen	**SN**	Sachsen
HH	Hamburg	**ST**	Sachsen-Anhalt
MV	Mecklenburg-Vorpommern	**TH**	Thüringen

Die wichtigsten Betriebskennungen sind die folgenden:

Abkürzungen der Betriebskennungen	
EFB	Verarbeitungsstätten für Fischereierzeugnisse
EHK	Hackfleisch- und Fleischzubereitungen
ESG	Geflügelschlachtbetrieb
EV	Fleischverarbeitungsbetriebe, auch Fettschmelzen und Darmbearbeitungsbetriebe
EZ	Zerlegebetriebe
EUZ	Umpackbetriebe nach dem Fleisch– und Geflügelfleischhygienerecht
EZG	Geflügelfleischzerlegungsbetriebe

Ausschlaggebend für uns Verbraucher ist im Grunde genommen nur die Veterinärkontrollnummer (also die Zahlenkombination) und eventuell das Bundesland. Sie werden sehen: Die Nummern Ihrer Lieblingsbetriebe wissen Sie bald auswendig. Sobald Sie BY 112 lesen, denken Sie an Bauer, bei BW 033 an Campina (u.a. Landliebe), bei NI 067 an Schöller.

> **Betriebe mit einer Veterinärkontrollnummer arbeiten nach EU-weit gültigen Hygienestandards und werden entsprechend überwacht.**

Allerdings gibt es bei dieser Regelung einen kleinen Wermutstropfen: Fast jeder Nahrungsmittelproduzent hat mittlerweile mehrere Produktionsstätten. Folglich gibt es auch mehrere Veterinärkontrollnummern. Auf Herta-Wurstwaren kann beispielsweise unter anderem „D EV 128“ oder „D EV 39“ angegeben sein.

Eine genaue Auflistung der wichtigsten Veterinärkontrollnummern finden Sie im hinteren Teil des Ratgebers.

Die Verpackung spricht Bände

Ein Blick auf die Veterinärkontrollnummer ist die sicherste Methode, um den Hersteller von No-Name-Produkten zu identifizieren. Aber diese EWG-Nummer gibt es eben nur bei Molkerei-, Fleisch- und Fischprodukten. Wie können wir nun herausfinden, wer die Butterkekse von Ja!, die Erdnussflips von Plus, die Nudeln von Lidl produziert hat? Zugegeben, bei manchen Produkten wird uns das einfach nicht gelingen. Aber oftmals finden wir auf der Verpackung wertvolle Hinweise.

Der Herstellungsort

Auf allen Aldi-Produkten, aber auch auf einigen No-Names von Edeka, Marktkauf oder beispielsweise Schlecker steht eine Herstellerfirma und ein Herstellungsort auf der Verpackung. Mit dem Namen der Firma können wir Verbraucher meistens nichts anfangen, oftmals handelt es sich um unbekannte Lebensmittel-Vertriebsfirmen. Hilfreicher kann da schon der Firmensitz sein. Wenn bei Gebäck als Herstellungsort Polch, Kempen oder Kahla angegeben ist, könnten wir dies – rein theoretisch natürlich – mit der Firma Griesson de Beukelaer in Verbindung bringen. Denn genau in diesen drei Orten hat die Firma ihre Produktionsstätten. Griesson de Beukelaer zählt nach seiner Fusion im Jahr 1999 zu einem der größten Süßwarenhersteller Europas. Und eines ist klar: **Wer für Discounter produziert, muss in der Lage sein, große Chargen liefern zu können.** So kann sich dann jeder Verbraucher seinen eigenen Reim darauf machen, ob es reiner Zufall ist, wenn die mit Kakaocreme gefüllten Doppelkekse von Schlecker (Marbello) aus derselben Stadt stammen wie die echten Prinzen-Rollen.

Auch folgendes Beispiel könnte Ihnen bei Ihren künftigen Smart-Shopping-Touren ins Auge fallen: Der Herstellungsort vieler Toastbrot-Handelsmarken (zum Beispiel „Gut und Billig“ von Marktkauf) ist das niedersächsische Örtchen Garrel. Branchen-Gigant Kamps betreibt hier eine riesige Backfabrik, in der auch die Marke „Golden Toast“ produziert wird. Da besteht natürlich – wieder rein hypothetisch – durchaus die Möglichkeit, dass in der Backstraße auch mal Teig für No-Name-Produkte geknetet wird.

Zutatenliste und Nährwertkennzeichnung

Wenn die Zutatenliste bei der Erasco-Linsensuppe nach „Hausmacher Art“ bis aufs Komma identisch ist mit der Zutatenliste vom „Gut & Günstig“-Linseneintopf von Edeka, kann uns Verbraucher das schon stutzig machen. Umso mehr, wenn auf beiden Konservendosen dann noch als Herstellungsort Lübeck angegeben ist, der deutsche Firmensitz des US-Konzerns Campbell Soup Company. Das muss zwar immer noch nicht bedeuten, dass die Produkte im gleichen Edelstahltank vor sich hin geköchelt haben, aber auf einen Geschmackstest können Sie es in solchen Fällen ruhig mal ankommen lassen.

Mittlerweile ist auf vielen Produkten auch eine Nährwertkennzeichnung angegeben, die den durchschnittlichen Gehalt an Eiweiß, Kohlenhydraten und Fett wiedergibt. Auch hier finden sich oft überraschende Parallelen: Die Katjes Yoghurt-Gums und die Sweetland Joghurt-Früchtchen von Aldi haben zum Beispiel identische Werte ...

Verpackung und Stempelaufdruck

No-Name-Produkte und Markenprodukte, die vom gleichen Hersteller stammen, weisen oftmals frappierende Ähnlichkeiten in der Verpackung auf. Vergleichen Sie Verpackungsmaterial, Aufdruck, Schrift-

art und Schriftgröße des Mindesthaltbarkeitsdatums (MHD), Stempelformen und Ähnliches. Es kann sich lohnen!
Der Frischkäse „Petrella“ wird in einer nahezu identischen Aufmachung verkauft wie das Aldi-Produkt „Liptana“. Die tiefgekühlten Cannelloni von Alberto stecken in dem gleichen Typ Faltkarton wie die Pasta-Varianten der Rewe-Eigenmarke „Salto“. Beim Cappuccino-Pulver von Krüger sind die Angaben zum Mindesthaltbarkeitsdatum und zur Chargenrückverfolgung in gleicher Schriftart und Codierung am Dosen-Boden aufgedruckt wie bei der Lidl-Ware „Bellarom“.
Werfen Sie auch einen Blick auf die Zubereitungstipps. Bei den schwäbischen Maultaschen des Markenherstellers Bürger können Sie den identischen Wortlaut nachlesen wie auf den „Gut und Billig“-Maultaschen von Marktkauf. Derartige Indizien können Hinweise auf einen gemeinsamen Ursprung geben. Aber zugegeben: Man muss schon ein bisschen Spaß daran haben, Verpackungen so akribisch unter die Lupe zu nehmen. Wenn Sie es sich einfacher machen wollen, sehen Sie sich einfach unsere folgenden Produktbeispiele an. Hier finden Sie genau das, was Sie suchen.

Die virtuelle Gerüchteküche

Die beste Quelle für Informationen über die Hersteller von No-Name-Produkten ist das Internet. Es gibt mehrere Service-Seiten, die sich mit diesem Thema befassen. Teilweise sind die Angaben jedoch veraltet oder schlichtweg falsch. Lohnenswert ist auf jeden Fall ein Klick auf die Seite www.lebensmittelmarken.de. Der Stuttgarter Polizist Volker Schwörer hat in seiner Freizeit zusammen mit dem Computerexperten Joachim Hettel eine Homepage ins Netz gestellt, auf der über 100 Eigenmarken des Handels aufgeführt sind. Schwörer orientiert sich vor allem an der Veterinärkontrollnummer. Eingeteilt nach Einkaufsstätten sind zahlreiche No-Name-Produkte aus dem Molkerei-, Fleisch- und Eis-Sortiment mit Foto eingescannt und mit Hersteller-Angaben versehen.

Interessant ist auch das Gästebuch der Homepage. Stammt der Aldi-Sekt wirklich von Deinhard? Ist der Frischkäse von Penny aus dem Hause Exquisa? Das Gästebuch ist eine kurzweilige, allerdings auch sehr spekulative Informationsbörse für Deutschlands Sparfüchse.

Informativ sind auch die Einträge von Teilnehmern aus der Food-Branche. Anonym plaudert da schon mal der Laborant eines Feinkostherstellers, die Werbefachfrau einer Süßwarenfirma oder der Produktionsleiter eines Saftabfüllers. Den Wahrheitsgehalt derartiger Eintragungen müssen Sie natürlich selbst abschätzen. Dennoch: Blättern Sie einmal in diesem Gästebuch. Sie werden auf überraschende Beiträge stoßen.

Weiter lohnt ein Klick auf folgende Seiten:

www.wer-zu-wem.de

Ein sehr umfangreiches Verzeichnis von Lebensmittelmarken und ihren Herstellern. Die Angaben sind mit Quellenhinweisen versehen, so dass sich nachvollziehen lässt, woher der Herausgeber seine Informationen bezieht.

www.Markenhersteller.de

Eine sehr interessante Seite mit vielen bekannten Konsumgütern, die in Deutschland erhältlich sind. Neben dem jeweiligen Markennamen wird das Unternehmen aufgelistet, dem das Markenrecht direkt oder auch indirekt über Tochtergesellschaften gehört.

So haben wir getestet

In diesem Ratgeber ziehen wir Parallelen zwischen Handelsmarken und Herstellermarken. Die Lebensmittel tragen in der Regel die gleiche Verkehrsbezeichnung und weisen eine gleiche oder ähnliche Zutatenliste auf. Je nach Einkaufsstätte lagen unsere Testprodukte manchmal direkt nebeneinander im Regal. Bei Discountern, die vornehmlich Handelsmarken führen, mussten wir die entsprechende Herstellermarke jedoch auch schon mal im Supermarkt suchen.

Wir haben uns bei der Analyse auf äußere Kriterien beschränkt und bewusst darauf verzichtet, auch den Geschmack des Markenartikels mit seinem Billig-Pendant zu vergleichen. Da eine Verkostung eine sehr subjektive Angelegenheit ist, bleibt dieser Part Ihnen selbst überlassen. Sofern auf den Produkten eine Veterinärkontrollnummer angegeben ist, lassen sich daraus verbindliche Rückschlüsse auf jenen Herstellerbetrieb ziehen, in dem das Produkt „zum letzten Mal bearbeitet oder verpackt wurde". Wenn wir also Produkt A und Produkt B eine „identische Veterinärkontrollnummer" bescheinigen, bedeutet das lediglich, dass beide Artikel aus dem gleichen Produktionsbetrieb stammen. Rückschlüsse auf die Qualität der Rohstoffe und auf Herstellungsverfahren lassen sich daraus nicht ziehen.

Bei Lebensmitteln ohne Veterinärkontrollnummer haben wir uns auf einen detaillierten Vergleich der Zutatenliste, der Verpackung, des Herstellungsortes, des Stempelaufdrucks und ähnlicher Kriterien konzentriert. Ob das Billigprodukt jedoch tatsächlich aus dem gleichen Betrieb kommt wie das Markenprodukt, lässt sich in diesen Fällen zwar annehmen, aber nicht verbindlich bestätigen.

Bei Ihrem eigenen Einkauf werden Sie manchmal eine andere Situation vorfinden wie hier beschrieben. Bitte bedenken Sie, dass die Handelsketten bei ihren Eigenmarken die Hersteller wechseln kön-

nen und zum Teil auch – je nach Region – unterschiedliche Lieferanten haben. Fassen Sie daher die aufgeführten Beispiele als das auf, was sie sind: ein Spiegel des Marktes, wie er in der ersten Jahreshälfte 2004 im Raum Nordrhein-Westfalen zu finden war.
Auch wenn wir bei Billigprodukten und Markenprodukten manchmal frappierende Ähnlichkeiten festgestellt haben, lässt sich daraus keinesfalls die Schlussfolgerung ziehen, dass das No-Name-Produkt identisch mit dem Markenprodukt ist. **Nur wo die Marke draufsteht, ist auch die Marke drin.**

Aldi

1946 führten die beiden Brüder Karl und Theo Albrecht die Discount-Idee in Deutschland ein. Der Name „Aldi“ ist die Abkürzung von **Al**brecht-**Di**scount.
1961 teilten die beiden Brüder ihr kleines Imperium in zwei eigenständige Konzerne auf: Aldi Nord und Aldi Süd. Beide Unternehmen sind seitdem rechtlich, finanziell und organisatorisch voneinander unabhängig. Trotzdem ist die Optik und Sortimentsgestaltung der Aldi-Filialen zwischen Flensburg und Berchtesgaden recht ähnlich. Auch viele Handelsmarken kommen vom gleichen Lieferanten.
Aldi führt rund 800 Artikel, darunter nur ein Minimum an bekannten Markenartikeln wie zum Beispiel Haribo. Den gemahlenen Kaffee liefert Aldi aus eigener Quelle, denn der Discounter besitzt mehrere Kafferöstereien, in denen die Aldi-Marke „Marcus“ hergestellt wird. Das Sortiment wird bewusst klein gehalten. Der Konzern gibt für jedes Lebensmittel interne Qualitätsvorgaben, zum Beispiel regelmäßige Laboruntersuchungen sowie tägliche Verkostungen der Eigenmarken und deren Vergleich mit den führenden Markenprodukten.
Für uns Verbraucher ist es vergleichsweise einfach, die Produzenten der Aldi-Waren ausfindig zu machen. Denn im Gegensatz zu Lidl, Plus oder Penny ist auf jeder Verpackung ein Hersteller angegeben. Und das sind keineswegs nur „Postfachadressen“. Man muss sich einfach einmal die Mühe machen, die Verpackung in die Hand zu nehmen. Das Pflanzenöl kommt von der Firma Brölio, der Rotkohl im Glas von Stollenwerk, die Bockwurst Sauerländer Art von Könecke. Keinerlei Geheimniskrämerei. Die beginnt erst bei den Süßwaren, beim Eis, bei den Knabber-Artikeln, bei den Milchprodukten. Hier stößt man tatsächlich oft auf unbekannte Firmennamen. Wer jedoch im Kopf hat, wo Schöller seine Eiscreme produziert, aus wel-

cher Stadt die Ültje-Erdnüsse kommen, welche Großmolkerei in Heilbronn sitzt, der kann kombinieren und spekulieren.
Da Aldi kaum Markenprodukte führt, mussten wir alle „Gegenstücke" zu den getesteten Aldi-Lebensmitteln im Supermarkt einkaufen.

Fruchtgummis mit Joghurt

Katjes
Yoghurt-Gums, 300 g
Hersteller: Katjes Fassin, 46426 Emmerich

Sweetland
Joghurt-Früchtchen, 400 g
Hergestellt für: Smile Factory GmbH, 40221 Düsseldorf

Gemeinsamkeiten:

- identische Zutatenliste
- identische Nährwertangaben
- gleiche Produktauslobung „ohne Fett"
- Beide Produkte tragen das CMA-Gütezeichen RAL.
  ➤ Mögliche Preisersparnis (berechnet auf die gleiche Einwaage): ca. 25 Prozent

In beiden Packungen gibt es die gleichen sechs Geschmacksrichtungen, die Form der Fruchtgummis ist jedoch etwas unterschiedlich. Augen auf bei der Verpackungsgröße: Die Katjes Yoghurt-Gums kosten im Supermarkt rund 0,99 Euro, bei Aldi liegen die Sweetland Joghurt-Früchtchen für die gleiche Summe im Regal. Allerdings sind in der Aldi-Tüte 100 Gramm mehr enthalten.

Auffällige Übereinstimmungen gibt es auch zwischen den Salzigen Heringen von Katjes und den Salzigen Fischen von Aldi, die ebenfalls für die Smile Factory in Düsseldorf hergestellt werden. Die Zutatenliste ist identisch und auch optisch lässt sich kaum ein Unterschied zwischen beiden Lakritz-Schleckereien ausmachen. Preisersparnis: rund 25 Prozent.

Frischkäse mit Sahne und Schnittlauch

Petrella, 125 g
Hersteller: Petri Feinkost GmbH & Co. KG, 31868 Glesse
Veterinärkontrollnummer:
D NI 107

Liptana, 125 g
Hersteller: Wesa Feinkost GmbH & Co. KG, 31868 Ottenstein
Veterinärkontrollnummer:
D NI 107

Gemeinsamkeiten:

- identische Veterinärkontrollnummer
- sehr ähnliches Zutatenverzeichnis
- sehr ähnliche Verpackung
- sehr ähnliches Aussehen

➤ Mögliche Preisersparnis: ca. 23 Prozent

Ottenstein und Glesse sind zwar unterschiedliche Orte, haben aber die gleiche Postleitzahl. Aber wer vergleicht das schon, zumal man den Herstellungsort auf beiden Verpackungen fast nur mit Lupe lesen kann? In der Zutatenliste gibt es nur geringfügige Unterschiede, zum Beispiel ist der Fettgehalt im Milchanteil bei Petrella etwas höher. Ansonsten sind beide Produkte frappierend ähnlich.

Cashewkerne

ültje Cashewkerne,
geröstet und gesalzen, 100 g
Hersteller: ültje GmbH,
58207 Schwerte

Farmer Cashews,
geröstet und gesalzen, 150 g
Hersteller: Griff GmbH,
58207 Schwerte

Gemeinsamkeiten:

- gleiche Zutatenliste
- gleicher Herstellungsort
- sehr ähnliches Aussehen
  - ➤ Mögliche Preisersparnis (berechnet auf die gleiche Einwaage): ca. 60 Prozent

Die ültje GmbH aus Schwerte gehört zu dem europäischen Marktführer „The Nut Company“, der unter anderem auch die Labels „Felix“ und „Pittjes“ produziert. „The Nut Company“ gibt sich wenig Mühe, die Firmenaktivitäten im No-Name-Bereich zu verheimlichen. Ganz im Gegenteil: Man würde für fast alle bekannten Handelsketten Eigenmarken produzieren, lässt das Unternehmen auf seiner Homepage verlauten. Einiges spricht dafür, dass auch Aldi dazuzählt …
Außer den Cashewkernen stammen auch die Aldi-Erdnüsse von der Griff GmbH aus Schwerte.

Erdbeer-Sahne-Bonbons

Campino
Erdbeeren und Sahne, 250 g
Hersteller: August Storck KG,
13403 Berlin

van Bolten
Sahne Früchtchen, 200 g
Hersteller: Wiha GmbH,
33780 Halle (Westf.)

Gemeinsamkeiten:
- identisches Zutatenverzeichnis
- sehr ähnliches Aussehen
- sehr ähnliche Verpackung
  - ➤ Mögliche Preisersparnis (berechnet auf die gleiche Einwaage): ca. 27 Prozent

Auffällig ist das ähnliche Produktdesign: Sowohl die Campino- als auch die van-Bolten-Bonbons sind jeweils einzeln verpackt, in Siegelfolie mit rot gezacktem Rand und rot-weißem Farbdesign. Und wenn man die Bonbons auswickelt, wird die Ähnlichkeit noch größer. Eigentlich auch kein Wunder, denn die Firma Wiha gehört zur Storck-Gruppe.

Wer hinter der Firma Wiha steckt, kam Ende 2001 ans Licht. Zu diesem Zeitpunkt wurden in der Aldi-Schokolade „Château Alpensahne" Salmonellen gefunden. Auf diesen Vorfall musste natürlich der Hersteller reagieren: Es war die Unternehmensgruppe Storck. Der Süßwarenhersteller zog daraufhin mehrere Aldi-Schokoladen und – als reine Vorsichtsmaßnahme – auch einige Merci-Produkte aus dem Handel zurück. Wiha ist ein bedeutender Aldi-Lieferant. Achten Sie bei Ihrem nächsten Einkauf mal auf das Kleingedruckte. Die 200-Gramm-Schokoladentafeln mit dem Label „Château" stammen durchwegs von der Storck-Tochter, aber zum Beispiel auch die Schoko-Knusper-Riegel und andere Gebäckvarianten.

Kurz und knapp

Weitere Aldi-Produkte und ihre Hersteller
(laut Veterinärkontrollnummer):

Eskimo Fischstäbchen
Veterinärkontrollnummer: D HB EFB 048
➤ Hersteller: **Copack Tiefkühlkost (Frosta)**

Grandessa Premium Eiskrem Vanille
Veterinärkontrollnummer: D NI 076
➤ Hersteller: **Schöller Lebensmittel GmbH & Co. KG**

Desira Quark Dessert
Veterinärkontrollnummer: D BY 727
➤ Hersteller: **Ehrmann AG**

Milsani Reine Buttermilch
Veterinärkontrollnummer: D SN 016, D BY 103, D BY 718
➤ Hersteller: **Molkerei Alois Müller & Co.**

Desira Fettarmer Joghurt mild mit erlesenen Früchten
Veterinärkontrollnummer: D BY 112
➤ Hersteller: **J. Bauer KG GmbH & Co. KG**

Schlemmerland Reispfanne Gyros-Art
Veterinärkontrollnummer: D EV 22
➤ Hersteller: **hansa Tiefkühlkost GmbH & Co. KG (apetito)**

Lidl

Lidl ist Teil der Schwarz-Unternehmensgruppe, zu der unter anderem auch die Kaufland-Verbrauchermärkte zählen. Seit der Gründung der ersten Lidl-Filiale in den 70er Jahren trat Firmengründer Dieter Schwarz einen beispiellosen Siegeszug quer durch Europa an. Heute hat kein Discount-Lebensmittelmarkt in Europa ein so engmaschiges Ladennetz wie Lidl. Doch so bekannt die Billigkette mit ihrem gelb-blauen Logo und dem schrägen „i" auch ist: Über das Unternehmen selbst und seine No-Name-Produkte gelangen kaum Informationen an die Öffentlichkeit.

Das Lidl-Sortiment umfasst etwa 1.300 Artikel. Anders als bei Aldi finden sich hier viele Marken wie zum Beispiel Nutella oder Kellogg's. Doch das eigentliche Erfolgsrezept von Lidl basiert auf den günstigen Eigenmarken mit dem lapidaren Hinweis: Hergestellt für die Lidl Stiftung & Co. KG, D-74167 Neckarsulm.

Bei Test-Ergebnissen schneiden die Lidl-Eigenmarken häufig gut ab. Bis vor kurzem hat die Handelskette mit den prägnanten Stempeln von „Öko-Test" und „Stiftung Warentest" auch massiv geworben, neuerdings reduziert Lidl jedoch diese Form der Auslobung.

Frischkäse Doppelrahmstufe, wärmebehandelt

Exquisa
Sahniger Frischkäse, 200 g
Hersteller: Karwendel,
86802 Buchloe
Veterinärkontrollnummer:
D BY 706

Pic-frisch, 300 g
Hergestellt für: Lidl-Stiftung & Co. KG, 74167 Neckarsulm
Veterinärkontrollnummer:
D BY 706

Gemeinsamkeiten:

- identische Veterinärkontrollnummer
- gleiche Zutatenliste (Frischkäse, Salz)

➤ Mögliche Preisersparnis: ca. 34 Prozent

80 Prozent aller Deutschen kennen den Slogan: „mmmh, Exquisa ..." Für „Pic-frisch" von Lidl gibt es zwar keine solche Werbung, trotzdem kommt auch dieser Frischkäse von den Karwendel-Werken F. X. Huber.

Beide Produkte liegen bei Lidl im gleichen Kühlregal, allerdings in unterschiedlicher Packungsgröße: Bei der Eigenmarke von Lidl bekommen Sie ein Drittel mehr fürs Geld. 300 Gramm Pic-frisch kosten genau so viel wie 200 Gramm Exquisa.

Leberwurst

Herta
grobe Leberwurst, 250 g
Hersteller: Herta, 45697 Herten
Veterinärkontrollnummer:
D EV 39

Dulano
Delikatess Leberwurst, grob, 250 g
Hergestellt für: Lidl Stiftung & Co. KG, 74167 Neckarsulm
Veterinärkontrollnummer:
D EV 39

Gemeinsamkeiten:

- identische Veterinärkontrollnummer
- sehr ähnliche Zutatenliste

➤ Mögliche Preisersparnis: ca. 37 Prozent

Die Zutatenliste ist fast identisch, es gibt nur einen Unterschied: In der Lidl-Leberwurst ist Zwiebelaroma enthalten. Übrigens stammt nicht nur die grobe, sondern auch die feine Leberwurst der Lidl-Eigenmarke Dulano aus dem Hause Herta/Nestlé.

Bockwürstchen im Glas

Böklunder
Echte Landbockwurst, 550 g
Hersteller: Böklunder Plumrose, 24860 Böklund
Veterinärkontrollnummer:
D EV 3

Bockwurst in zarter Eigenhaut, Gut Frielingshof, 550 g
Hergestellt für: Lidl Stiftung & Co. KG, 74167 Neckarsulm
Veterinärkontrollnummer:
D EV 3

Gemeinsamkeiten:

- identische Veterinärkontrollnummer
- ähnliches Zutatenverzeichnis
- sehr ähnliches Aussehen

➤ Mögliche Preisersparnis: ca. 46 Prozent

In der Böklunder Bockwurst sind 75 Prozent Schweinefleisch enthalten, im Lidl-Produkt nur 70 Prozent. Ansonsten ist die Zutatenliste sehr ähnlich.

Böklunder hat nach eigenen Angaben eine der modernsten Würstchen-Produktionsanlagen Europas. Alle 60 Sekunden werden 2.000 Würstchen gefertigt. Und offensichtlich wird die Anlage nicht nur mit der eigenen Marke ausgelastet: Die Veterinärkontrollnummer D EV 3 befindet sich außer auf den Lidl-Würstchen auch noch auf überraschend vielen anderen No-Names, zum Beispiel auf den ja!-Bockwürstchen von Rewe und den Tip-Bockwürstchen von real.

Dänischer Weichkäse mit Blau- und Weißschimmel

Castello, 200 g
Hersteller: Tholstrup Cheese A/S, 7000 Frederica, Dänemark
Veterinärkontrollnummer:
DK M 276 EEC

Bluedino, 200 g
Hergestellt für: Lidl-Stiftung & Co. KG, 74167 Neckarsulm
Veterinärkontrollnummer:
DK M 276 EWG

Gemeinsamkeiten:

- identische Veterinärkontrollnummer
- gleiche Fettstufe: 70 Prozent
- sehr ähnliches Aussehen

  ➤ Mögliche Preisersparnis: ca. 35 Prozent

Die Dänische Großmolkerei Tholstrup Cheese produziert für fast alle großen deutschen Lebensmittelketten Eigenmarken, zum Beispiel für Plus, real und Kaufland. Oftmals liegt der original Castello-Weichkäse direkt neben seiner eigenen Billig-Variante. Die Optik ist stets ähnlich: halbrunde Form und blaues Verpackungsdesign.

Kurz und knapp

Weitere Lidl-Eigenmarken und ihre Hersteller (laut Veterinärkontrollnummer):

Yogosan Feinster Edelrahm Joghurt mild mit erlesenen Früchten
Veterinärkontrollnummer: D BY 112
➤ Hersteller: **J. Bauer KG GmbH & Co. KG**

Dulano Delikatess Truthahn-Brust
Veterinärkontrollnummer: D EV 356
➤ Hersteller: **Metten Fleischwaren GmbH & Co. KG**

Milbona fettarmer Joghurt mit Fruchtzubereitung
Veterinärkontrollnummern: D SN 016, D BY 718
➤ Hersteller: **Molkerei Alois Müller GmbH & Co.**

Fruit King, Frischkäsezubereitung mit Frucht für Kinder
Veterinärkontrollnummer: D BY 727
➤ Hersteller: **Ehrmann AG**

Pianola Probiotic Drink
Veterinärkontrollnummer: D BY 112
➤ Hersteller: **Molkerei Alois Müller GmbH & Co.**

Gut Frielingshof Thunfisch-Salat
Veterinärkontrollnummer: D NI EFB 080
➤ Hersteller: **Homann Feinkost GmbH & Co. KG**

Gut Frielingshof Budapester Salat
Veterinärkontrollnummer: D EV 025
➤ Hersteller: **Homann Feinkost GmbH & Co. KG**

Vitakrone Nudelsalat mit Fleischbrät und Gemüse
Veterinärkontrollnummer: D EV 21
➤ Hersteller: **Heinrich Hamker Lebensmittelwerke GmbH & Co. KG**

real und extra

Die Düsseldorfer Metro-AG (u.a. Kaufhof, Praktiker, Media-Saturn) ist Deutschlands größter Handelskonzern. Die Geschäftsaktivitäten im Bereich Lebensmitteleinzelhandel konzentrieren sich auf zwei Vertriebsschienen: auf die SB-Warenhäuser „real" und auf die Verbrauchermärkte „extra". Die real-Häuser entstanden Anfang der 90er Jahre aus einem Zusammenschluss diverser Handelsketten wie divi, Meister, suma oder allkauf. Derzeit gibt es in Deutschland rund 250 real-Filialen. Auf einer durchschnittlichen Fläche von 6.800 Quadratmetern bieten die Warenhäuser nicht nur Nahrungsmittel, sondern auch ein breites Sortiment an so genannten Non-Food-Artikeln an. Die rund 450 extra-Verbrauchermärkte mit ihren 20.000 bis 30.000 Artikeln konzentrieren sich dagegen vornehmlich auf das Lebensmittelsortiment.

Obwohl real und extra als unterschiedliche Vertriebslinien geführt werden, bieten sie das gleiche Eigenmarkenprogramm. Die Discount-Eigenmarke hat den Namen „Tip" – **t**oll **i**m **P**reis. Rund 1.000 Artikel tragen das blau-weiße Label. Dabei taucht jedoch nicht der Name Metro, real oder extra auf, vielmehr fungiert die Goldhand-Vertriebsgesellschaft in Düsseldorf als Hersteller der Tip-Produkte.

In der Fachzeitschrift „Privat Label Magazine" wird diese Strategie kritisch hinterfragt: Da die Verbindung zwischen Metro und Metro-Eigenmarken nicht gefördert werde, versäume es der Handelskonzern, das Vertrauen der Verbraucher in seine Hausmarken zu festigen. Wir fanden in den Metro-Häusern eine Reihe von Lebensmitteln, die nebeneinander im Regal liegen und vom gleichen Hersteller stammen. Einmal als Tip-Produkt, einmal als Marke. Vom gleichen Band liefen die Produkte jedoch offenbar nicht. Die Zusammensetzung ist meist unterschiedlich.

Schoko-Pudding mit Sahne

Landliebe
Schoko-Pudding mit Sahne, 125 g
Hersteller: Campina,
74078 Heilbronn
Veterinärkontrollnummer:
D NW 203

Tip Schoko-Pudding
mit Sahne, 150 g
Hergestellt für: Goldhand
Vertriebsgesellschaft mbH,
40235 Düsseldorf
Veterinärkontrollnummer:
D NW 203

Gemeinsamkeiten:

- identische Veterinärkontrollnummer
  - ➤ Mögliche Preisersparnis (berechnet auf die gleiche Einwaage): 59 Prozent

Die Inhaltsstoffe der beiden Pudding-Varianten weichen etwas voneinander ab. Bei „Landliebe" wird zum Beispiel Milch mit 3,8 Prozent Fett verwendet, bei der Tip-Variante fettarme Milch. Außerdem wurden dem Landliebe-Dessert keine Aromen zugesetzt.

Campina produziert und vermarktet in Deutschland eine äußerst breite Produktpalette. Neben den Marken „Campina" und „Landliebe" gehören auch folgende Labels zu dem Konzern: Strothmann, Fruttis, Mark Brandenburg, Optiwell, Puddis, Südmilch, Tuffi. Zudem stellt Campina zahlreiche Handelsmarken her.

Putenbrust, geschnitten und verpackt

Gutfried
Truthahn-Brust „natur“, zart-geräuchert, 100 g
Hersteller: Nölke, 33775 Versmold
Veterinärkontrollnummer: D EV 61

Tip
Delikatess Putenbrust „natur“, 100 g
Hergestellt für: Goldhand Vertriebsgesellschaft mbH, 40235 Düsseldorf
Veterinärkontrollnummer: D EV 61

Gemeinsamkeiten:

- identische Veterinärkontrollnummer
- sehr ähnliche Zutatenliste
  - ➤ Mögliche Preisersparnis: ca. 47 Prozent

Ob Truthahn oder Pute auf der Packung steht, macht keinen Unterschied. Gemeint ist das gleiche Geflügel. Und ob die Qualität der original Gutfried-Marke höher ist als die des Tip-Produktes, lässt sich anhand der Zutatenliste nicht beurteilen. Aber da auf der Tip-Verpackung der hervorhebende Hinweis „Delikatess“ steht, muss sich das Produkt durch einen „hohen Genusswert“ und eine „besondere Auswahl des Ausgangsmaterials“ auszeichnen. Diese Vorgabe, die in den Leitsätzen des Deutschen Lebensmittelbuches geregelt ist, gilt übrigens auch für anders lautende Auslobungen wie 1A, Premium oder extra. In der Regel ist damit ein höherer Anteil an schierem Muskelfleisch und ein niedrigerer Anteil an Fettgewebe verbunden.

Hühner-Suppentopf

Omi's Eintöpfe, Hühner-Suppentopf mit Muschelnudeln, 800 g
Hersteller: Omis's gute Küche Vertriebs GmbH,
28866 Ottersberg (Stockmeyer-Gruppe)
Veterinärkontrollnummer:
D EV 49

Tip Hühner-Suppentopf
Hergestellt für: Goldhand Vertriebsgesellschaft mbH,
40235 Düsseldorf
Veterinärkontrollnummer:
D EV 49

Gemeinsamkeiten:

- identische Veterinärkontrollnummer
- sehr ähnliche Zutatenliste
- gleiche Art von Dosenaufdruck bezüglich MHD und Chargen-Rückverfolgung

  ➤ Mögliche Preisersparnis: ca. 44 Prozent

Natürlich steht die Tip-Dose nicht auf gleicher Augenhöhe mit Omi's Suppentopf. Für den Schnäppchenkauf müssen Sie sich schon etwas tiefer bücken. Und das Produkt-Design ist beim Tip-Produkt viel schlichter: Auf der Dosenbanderole fehlt die silbergelockte Omi mit Spitzenkragen. Aber die „inneren Werte" beider Eintöpfe sind recht ähnlich.
Auch die Tip-Erbsensuppe kommt aus dem Hause Stockmeyer.

Budapester Salat

Nadler
Budapester Salat mit Fleischbrät, Paprika und Äpfeln, 200 g
Hersteller: Nadler Feinkost GmbH, 46240 Bottrop
Veterinärkontrollnummer: D EV 93

Tip
Budapester Salat, 250 g
Hergestellt für: Goldhand Vertriebsgesellschaft mbH, 40235 Düsseldorf
Veterinärkontrollnummer: D EV 93

Gemeinsamkeiten:

– identische Veterinärkontrollnummer

➤ Mögliche Preisersparnis (berechnet auf die gleiche Einwaage): ca. 41 Prozent

Die Feinkost-Salate sind unterschiedlich zusammengesetzt. Das Tip-Produkt enthält zum Beispiel weiße Bete und Karotten, das Nadler-Produkt Äpfel. Während im günstigeren Tip-Salat keine Konservierungsstoffe eingesetzt werden, wird der Nadler-Salat mit Natriumbenzoat und Kaliumsorbat haltbar gemacht.

Heringsfilets in Tomatencreme

Zarte Heringsfilets in Tomaten-Creme, 200 g
Hersteller: Appel Feinkost GmbH, 22767 Hamburg
Veterinärkontrollnummer: D NI EFB 016

Tip Heringsfilets in Tomaten-Creme, 200 g
Hergestellt für: Goldhand Vertriebsgesellschaft mbH, 40235 Düsseldorf
Veterinärkontrollnummer: D NI EFB 016

Gemeinsamkeiten:

– identische Veterinärkontrollnummer

➤ Mögliche Preisersparnis: ca. 33 Prozent

Die wertbestimmende Zutat, also das Heringsfilet, ist in beiden Produkten in gleicher Menge enthalten (60 Prozent). Dann gehen jedoch die Unterschiede in der Zutatenliste los: So enthält zum Beispiel das Tip-Produkt Milcheiweiß, Weizenmehl, Natriumalginat und Aromen. Die Zutatenliste von Appel ist dagegen überschaubarer und weist weniger Zusatzstoffe auf. Bei real und extra liegen weitere Tip-Fischzubereitungen im Regal, die ebenfalls aus dem Hause Appel stammen, zum Beispiel Bratheringe oder Heringsfilets auf Mango-Pfeffer-Creme.

Kurz und knapp

Weitere Tip-Produkte und ihre Hersteller (laut Veterinärkontrollnummer):

Tip Katenschinken gewürfelt

Veterinärkontrollnummer: D NI-EUZ 521

➤ Hersteller: **Abraham Schinken GmbH & Co. KG**

Tip Dänischer Weichkäse mit Weiß- und Blauschimmel

Veterinärkontrollnummer: DK M276 EEC

➤ Hersteller: **Tholstrup Cheese (produziert u.a. die Marke Castello)**

Tip Bockwürstchen

Veterinärkontrollnummer: D EV 3

➤ Hersteller: **Böklunder Plumrose**

Marktkauf

Marktkauf hat in Deutschland rund 180 SB-Warenhäuser und Verbrauchermärkte. Das Angebot ist riesig und umfasst zwischen 40.000 und 60.000 Artikel. Marktkauf ist die Vertriebsgesellschaft der AVA in Bielefeld (Allgemeine Handelsgesellschaft der Verbraucher AG), deren Konzern-Muttergesellschaft wiederum die Edeka-Zentrale AG & Co. KG in Hamburg ist.
So viel zu den Handelsverflechtungen – jetzt zu den Eigenmarken. „Gut und Billig" heißt das hauseigene Label. Und da Marktkauf schon frühzeitig damit begann, über Eigenmarken sein Profil zu schärfen, sind die Regale voll mit Produkten, auf denen das rot-gelbe, kreisförmige Logo prangt. Bei Marktkauf findet sich – ähnlich wie bei den Aldi-Produkten – stets eine Herstellerangabe mit Firmenname und Produktionsort auf der „Gut und Billig"-Verpackung.
Auffällig ist, dass die „Gut und Billig"-Variante und das Markenprodukt vom gleichen Hersteller oftmals direkt nebeneinander im Regal liegen. Achten Sie beim nächsten Einkauf doch mal auf diese „Doppel-Packs":

Ravioli in Tomatensauce

<u>Maggi</u>
<u>Ravioli in Tomatensauce, 800 g</u>
Hersteller: Maggi GmbH, 78221 Singen
Veterinärkontrollnummer: D EV 78

<u>Gut und Billig</u>
<u>Ravioli in Tomatensauce, 800 g</u>
Hersteller: Benedikt Lebensmittel GmbH, 60523 Frankfurt
Veterinärkontrollnummer: D EV 78

Gemeinsamkeiten:

- identische Veterinärkontrollnummer
  - ➤ Mögliche Preisersparnis: ca. 39 Prozent

Anscheinend will sich Maggi/Nestlé das Geschäft mit den No-Name-Ravioli nicht entgehen lassen. Wir wurden nicht nur bei der Marktkauf-Eigenmarke „Gut und Billig“ fündig, sondern auch bei der Kaufland-Eigenmarke K-Classic sowie bei der Edeka-Eigenmarke „Gut & Günstig“. Die Rezepturen sind unterschiedlich, tragen aber alle die gleiche Veterinärkontrollnummer wie das Maggi-Produkt. Und noch ein Indiz: Firmensitz der unbekannten Benedikt Lebensmittel GmbH ist Frankfurt. Hier residiert Nestlé und das Maggi Kochstudio.

Kondensmilch, wärmebehandelt

Milram	Gut und Billig
Kondensmilch, 340 g	Kondensmilch, 340 g
Hersteller: Nordmilch, 27404 Zeven	Hersteller: MHT GmbH, 27404 Zeven
Veterinärkontrollnummer: D NI 063	Veterinärkontrollnummer: D NI 063

Gemeinsamkeiten:

- identische Veterinärkontrollnummer
- gleicher Herstellungsort
- gleiche Verpackungsart
- gleiche Art von Stempelaufdruck
- gleiche Prozentangaben bezüglich Fett und fettfreier Milchtrockenmasse
  - ➤ Mögliche Preisersparnis: ca. 24 Prozent

„Unübertroffen zum Kaffee" heißt es auf der Milram-Packung. Bei derart vielen Gemeinsamkeiten zwischen Marken- und Billigprodukt können Sie es aber ruhig mal darauf ankommen lassen, ob dieser Spruch nicht ebenso auf die Gut-und-Billig-Variante zutrifft.

Kloßteig

Henglein
Kloßteig für original Fränkische Klöße, halb und halb, 750 g
Hersteller: Hans Henglein & Sohn GmbH, 91183 Abenberg, Wassermungenau

Gut und Billig
Kloßteig, 750 g
Hersteller: Nürnberger Kloßteig GmbH & Co. KG, 91183 Abenberg

Gemeinsamkeiten:

- gleicher Herstellungsort
- identische Nährwertkennzeichnung
- sehr ähnliche Zutatenliste
- sehr ähnliches Aussehen

➤ Mögliche Preisersparnis: ca. 50 Prozent

Im „Gut und Billig"-Teig ist Beta-Carotin zugesetzt. Das ist der einzige Unterschied in der Zutatenliste. Da dieser Farbstoff aber keinen Einfluss auf die Nährwerte hat, verwundert es nicht, dass die durchschnittlichen Eiweiß-, Kohlenhydrat- und Fettgehalte beider Produkte bis aufs Komma identisch sind. Von dem Firmennamen „Nürnberger Kloßteig GmbH" muss man sich auch nicht irritieren lassen: Henglein hat diesen Betrieb und diese Marke schon vor Jahren übernommen.

Schwäbische Maultaschen, vakuumverpackt

Bürger Original Schwäbische Maultaschen „Die Großen“, 360 g
Hersteller: Bürger GmbH, 71254 Ditzingen
Veterinärkontrollnummer: D EV 188

Gut und Billig Schwäbische Maultaschen, 300 g
Hergestellt für: FG Frischwaren GmbH, 33689 Bielefeld
Veterinärkontrollnummer: D EV 188

Gemeinsamkeiten:

- identische Veterinärkontrollnummer
- sehr ähnliche Verpackung
- gleicher Wortlaut beim Zubereitungsvorschlag
  - ➤ Mögliche Preisersparnis (berechnet auf die gleiche Einwaage): ca. 34 Prozent

Hier hat sich der „Gut und Billig“-Produktdesigner nicht besonders viel Mühe gegeben: Sieben Zeilen Zubereitungstipps wurden einfach vom Bürger-Original abgeschrieben.

Fleischsalat

Hamker pikanter Fleischsalat, 200 g
Hersteller: Heinrich Hamker Lebensmittelwerke GmbH & Co. KG, 49152 Bad Essen, 39326 Rogätz
Veterinärkontrollnummer: D EV 21

Gut und Billig Delikatess Fleischsalat, 250 g
Hersteller: Lebensmittelwerke GmbH & Co. KG, 49152 Bad Essen
Veterinärkontrollnummer: D EV 21

Gemeinsamkeiten:

- gemeinsame Veterinärkontrollnummer
- gleicher Herstellungsort
- sehr ähnliche Verpackung
  - ➤ Mögliche Preisersparnis (berechnet auf die gleiche Einwaage): ca. 41 %

Die Zusammensetzung der Salate ist etwas unterschiedlich. Beim preiswerteren „Gut und Billig"-Produkt ist der Fleischbrät-Anteil um einiges höher (34 Prozent) als beim Hamker-Salat (26 Prozent), wodurch sich der Zusatz „Delikatess" in der Verkehrsbezeichnung rechtfertigt. Außerdem sind hier – im Gegensatz zum Original Hamker-Produkt – keine Konservierungsstoffe enthalten.
Hamker ist generell ein großer Lieferant von Handelsmarken, u. a. auch bei Ketchup, Remoulade, Fertigsaucen, Mayonnaise.

Kurz und knapp

Weitere „Gut und Billig"-Produkte und ihre Hersteller
(laut Veterinärkontrollnummer und Produzentenangaben):

Delikatess Leberwurst Gut und Billig
Veterinärkontrollnummer: D EV 15
➤ Hersteller: **Stockmeyer GmbH & Co. KG**

Bierschinken Gut und Billig
Veterinärkontrollnummer: D EV 73
➤ Hersteller: **Karl Könecke GmbH & Co. KG**

Toastbrot Gut und Billig
➤ Hersteller: **Kornmark (Kamps AG)**

Rewe-Gruppe (HL, Globus, Toom, miniMAL, kaufpark, Rewe-Märkte, Stüssgen)

Die Rewe-Gruppe wurde bereits 1927 in Köln gegründet. Neben dem Lebensmittelhandel macht heute die Touristik einen bedeutenden Geschäftsbereich aus: u.a. Atlasreisen, Jahn-Reisen, Tjaereborg.
Mehr als ein Drittel aller Supermärkte ist im Besitz von selbstständigen Kaufleuten, die ihre Läden unter „Rewe – Der Supermarkt“ oder „Rewe nahkauf“ führen. Dazu kommen Filialbetriebe wie miniMAL oder HL.
Die Rewe-Eigenmarken umfassen bis zu 2.000 Artikel. Am bekanntesten ist das Billig-Label ja!. Quer durch das gesamte Sortiment – von den Erdnussflips über Hundefutter bis hin zum Allzweckreiniger – findet sich der prägnant blaue Schriftzug auf weißem Grund. ja! soll das untere Preissegment abdecken. Eine Liga höher spielen dann die Rewe-Marken Erlenhof und Salto eine Rolle.
Penny zählt zwar auch zur Rewe-Gruppe, hat jedoch ein eigenständiges No-Name-Sortiment. Daher haben wir diesem Filialunternehmen eine gesonderte Rubrik gewidmet.

Steinofenpizza „Speziale“, tiefgekühlt

Alberto
Steinofen-Pizza Speziale, 320 g
Hersteller: Alberto Lebensmittel GmbH, 13439 Berlin
Veterinärkontrollnummer:
D EV 362

Salto
Pizza Deluxe Speziale, auf Stein gebacken, 350 g
Hergestellt für: Rewe Handelsgruppe GmbH, 50603 Köln
Veterinärkontrollnummer:
D EV 362

Gemeinsamkeiten:

– identische Veterinärkontrollnummer

➤ Mögliche Preisersparnis (berechnet auf die gleiche Einwaage): ca. 19 Prozent

Beide Steinofen-Pizzas sind mit Edamer-Käse, Salami, Champignons und Schinken belegt. Bei Alberto kommen dann noch Mozzarella, Peperoni und Peperonisalami hinzu.
Beide Pizzas werden von der Firma Freiberger Lebensmittel GmbH & Co Produktions- und Vertriebs KG produziert. Freiberger ist eine 100-prozentige Tochter der Südzucker AG und gilt als Europas größter Pizza-Hersteller. Neben Pizzas bestückt Freiberger die Tiefkühltruhen des Handels auch mit Pasta-Fertiggerichten und belegten Baguettes. Die bekanntesten Marken des Hauses sind „Alberto“ und „erno’s“. Es laufen jedoch auch zahlreiche Handelsmarken von den Bändern. Nicht nur Rewe lässt in dem Berliner Betrieb produzieren, sondern zum Beispiel auch Penny und Edeka.

Schmelzkäse in Scheiben

<u>Hochland</u> <u>Toast Schmelzkäsezubereitung, 200 g</u> Hersteller: Hochland, 88178 Heimenkirch/Allgäu Veterinärkontrollnummer: D BY 745	<u>ja!</u> <u>Toast Schmelzkäsezubereitung, 200 g</u> Hergestellt für: ja!-Lebensmittel-vertriebs-GmbH, 50603 Köln Veterinärkontrollnummer: D BY 745

Gemeinsamkeiten:

- identische Veterinärkontrollnummer
- sehr ähnliche Zutatenliste
  - ➤ Mögliche Preisersparnis: ca. 40 Prozent

Beim ja!-Produkt ist statt Süßmolke Magermilch enthalten. Das ist der einzige Unterschied in der Zutatenliste. Ansonsten sind die Inhaltsstoffe gleich, auch was die eingesetzten Schmelzsalze und Farbstoffe betrifft.

Kurz und knapp

Weitere Rewe-Eigenmarken und ihre Hersteller (laut Veterinärkontrollnummer):

Salto Goldbackfilets, vorgebacken, tiefgefroren
Veterinärkontrollnummer: D HB EFB 048
➤ Hersteller: **Copack Tiefkühlkost Produktionsges. mbH, Werk Schottke (Frosta)**

ja! Bockwürstchen in zarter Eigenhaut, fünf Stück
Veterinärkontrollnummer: D EV 3
➤ Hersteller: **Böklunder Plumrose**

ja! Joghurt mild mit Vanillegeschmack und Fruchtzubereitung
Veterinärkontrollnummer: D BW 033
➤ Hersteller: **Campina AG**

Penny

Der Discounter Penny gehört zwar zur Rewe-Handelsgruppe, nimmt jedoch innerhalb des Konzerns eine Sonderstellung ein.
Mit den rund 2.300 Penny-Filialen in Deutschland macht Europas drittgrößter Handelskonzern Rewe jährlich mehr als fünf Milliarden Euro Umsatz. Und das Lieblingskind des Handels-Giganten soll noch kräftig wachsen: Jährlich will die Gruppe 100 neue Läden eröffnen.
Die Entwicklungen innerhalb des Rewe-Konzerns ist bezeichnend für die ganze Branche: Während die traditionellen Rewe-Supermärkte an Marktanteilen verlieren, gleicht der Konzern diesen Verlust über seinen Discounter Penny wieder aus.
Zimperlich im Umgang mit seinen eigenen Sparten ist man dabei offenbar nicht, wie der ehemalige Rewe-Chef Hans Reischl einmal bestätigt hat: „Mit jeder Neueröffnung eines Penny-Marktes werden wir anderen Läden Marktanteile abnehmen. Auch in unserer eigenen Gruppe. Da gibt es keine Schonung."
In Bezug auf seine Eigenmarken führt Penny nicht die klassischen Rewe-Produkte wie ja!, Salto oder Erlenhof, sondern fährt seine eigene No-Name-Schiene. Unter den rund 1.300 Artikeln des gesamten Penny-Sortiments werden Markenartikler zunehmend ausgelistet – zugunsten einer rasant wachsenden Warengruppe mit der Aufschrift „Ausgewählt und kontrolliert: Penny Markt GmbH, 50603 Köln".

Geflügelsalat

Homann
Geflügelsalat Hawaii, 200 g
Hersteller: Beeck-Homann,
49197 Dissen

Prima-Kost
Gourmet Geflügelsalat, 200 g
Ausgewählt und kontrolliert:
Penny Markt GmbH,

Veterinärkontrollnummer:
D EV 025

50603 Köln
Veterinärkontrollnummer:
D EV 025

Gemeinsamkeiten:

- identische Veterinärkontrollnummer
  - ➤ Mögliche Preisersparnis: ca. 26 Prozent

Beide Produkte kommen aus dem gleichen Herstellungsbetrieb, werden jedoch nach unterschiedlicher Rezeptur hergestellt. So ist beim Homann-Salat zum Beispiel sowohl Putenformfleisch als auch Hühnerfleisch vorhanden, beim Penny-Salat nur Hühnerfleisch. Die Fleischeinwaage ist allerdings beim Penny-Produkt höher (30 Prozent). Weitere wertbestimmende Zutaten wie Ananas, Mandarinen und Sellerie sind in beiden Salaten enthalten.
Übrigens findet sich die Veterinärkontrollnummer D EV 025 noch auf weiteren „Prima-Kost“-Salaten, darunter Fleischsalat, Nudelsalat und Wurstsalat.

Milchreis mit Zimt

Müller-Milchreis mit Zimt, 200 g
Hersteller: Molkerei Alois Müller GmbH & Co., 86850 Aretsried
Veterinärkontrollnummern:
D BY 718, D SN 016

elite Milchreis Zimt, 200 g
Ausgewählt und kontrolliert: Penny Markt GmbH, 50603 Köln
Veterinärkontrollnummern:
D BY 718, D SN 016

Gemeinsamkeiten:

- identische Veterinärkontrollnummern
- sehr ähnliches Aussehen
  ➤ Mögliche Preisersparnis: ca. 26 Prozent

Beide Sorten stammen aus der Molkerei Alois Müller, haben jedoch eine etwas unterschiedliche Zusammensetzung. Wer bislang gerne den original Müller Milchreis gekauft hat, sollte ruhig mal die „elite“-Variante testen. Zum Beispiel steckt im günstigeren Penny-Produkt sogar Sahne, was den Milchreis etwas gehaltvoller macht.

Zur Müller-Gruppe zählen mittlerweile drei Molkereien: Das Stammhaus in Aretsried mit der Veterinärkontrollnummer BY 718, die Sachsenmilch unter SN 016 und die Staatliche Molkerei Weihenstephan mit dem Code BY 103.
Auf der Verpackung können alle drei Veterinärkontrollnummern aufgedruckt sein. Aus welchem Betrieb das Produkt stammt, lässt sich am MHD-Aufdruck (Mindesthaltbarkeitsdatum) ablesen.

Feta-Käse

Patros Feta pur, natürlich in Salzlake gereift, 200 g Abtropfgewicht
Hersteller: Feinkäserei Hochland, 88178 Heimenkirch
Veterinärkontrollnummer:
D BY 123

Mitakos Feta, 250 g
Ausgewählt und kontrolliert:
Penny Markt GmbH,
50603 Köln
Veterinärkontrollnummer:
D BY 123

Gemeinsamkeiten:

- identische Veterinärkontrollnummer
- gleicher Fettgehalt
  ➤ Mögliche Preisersparnis (berechnet auf die gleiche Einwaage): ca. 38 Prozent

Beim Patros-Produkt ist die Verpackung aufwändiger. Der Feta-Käse schwimmt in seiner eigenen Salzlake in einer so genannten Hartbox. Dadurch intensiviert sich der Geschmack und das Produkt bleibt nach der Öffnung länger haltbar. Der Feta-Käse von Penny ist ohne Salzlake vakuumverpackt. Beide Produkte bestehen aus Kuhmilch.

Feta oder nicht Feta?

Mit dem typisch mediterranen Feta-Käse aus Schafsmilch haben die Produkte, die bei uns im Kühlregal liegen, in der Regel nur wenig gemeinsam. Auf dem Etikett werden zwar gerne Schäfer, griechische Tempel oder Oliven abgebildet, der Feta wird jedoch meist in deutschen Betrieben aus Kuhmilch produziert. Wird Schafs- oder Ziegenmilch verwendet, ist dies auf der Verpackung ausdrücklich erwähnt.

Mittlerweile beschäftigt sich jedoch die Europäische Kommission mit diesem Lebensmittel, denn Griechenland hat sich die Bezeichnung Feta als Herkunftsbezeichnung schützen lassen. Das würde bedeutet, dass Feta-Käse künftig nur noch aus bestimmten Regionen Griechenlands kommen darf und nach einem ganz speziellen Verfahren aus Schafs- und Ziegenmilch hergestellt sein muss. Gegen diese Reglementierung haben nun mehrere EU-Staaten, darunter Frankreich und Deutschland, Klage eingereicht. Sie wollen die Bezeichnung Feta auch weiterhin für Kuhmilch-Käse verwenden dürfen. Das Verfahren läuft.

Zaziki

Apostels Zaziki, 200 g
Hersteller: Apostel Griechische Spezialitäten GmbH,
30827 Garbsen
Veterinärkontrollnummer:
D NI 300

Mitakos Zaziki, 200 g
Ausgewählt und kontrolliert:
Penny Markt GmbH,
50603 Köln
Veterinärkontrollnummer:
D NI 300

Gemeinsamkeiten:

- identische Veterinärkontrollnummer
- identische Nährwertkennzeichnung
- sehr ähnliche Verpackungsart
- gleiche Aufdrucksart über Produktionsdaten und MHD-Angaben
  - ➤ Mögliche Preisersparnis: ca. 22 Prozent

Beide Produkte enthalten im Prinzip die gleichen Zutaten, lediglich die mengenmäßige Zusammensetzung weicht etwas voneinander ab. Außerdem ist im Apostel Zaziki Milcheiweiß enthalten. Gravierend können die Unterschiede jedoch nicht sein. Die Nährwertkennzeichnung ist identisch, also enthalten beide Produkte die gleichen durchschnittlichen Gehalte an Eiweiß, Kohlenhydraten und Fett.

Kräuterbutter

Meggle,
die Kräuter Butter, klassik, 125 g
Hersteller: Meggle,
83512 Wasserburg

Louis d'Or,
Kräuterbutter, 100 g
Ausgewählt und kontrolliert:
Penny Markt GmbH,
50603 Köln

Veterinärkontrollnummer: D BY 111	Veterinärkontrollnummer: D BY 111

Gemeinsamkeiten:

- identische Veterinärkontrollnummer
  - ➤ Mögliche Preisersparnis (berechnet auf die gleiche Einwaage): ca. 55 Prozent

Die Rezeptur beide Sorten ist etwas unterschiedlich. Die Hauptbestandteile sind jedoch in beiden Fällen Butter, Zwiebeln, Petersilie und Knoblauch. Auch der Milchfettgehalt von 62 Prozent stimmt überein. Im Meggle-Produkt steckt „natürliches Aroma", Penny belässt es bei der Formulierung „Aroma". In beiden Fällen kann es sich theoretisch um die gleiche Zutat handeln. Laut Lebensmittelrecht umfasst die Deklaration „Aroma" sowohl die natürlichen, naturidentischen und künstlichen Aromen.

Aromen: Hightech statt Natur

In unseren Ohren klingt es weitaus besser, wenn auf einer Zutatenliste vor dem Wörtchen „Aroma" das Attribut „natürlich" steht. Doch diese Form der Auslobung ist manchmal eine recht fragwürdige Angelegenheit. So stammt beispielsweise das „natürliche Aroma" eines Erdbeerjoghurts in den seltensten Fällen aus hochwertigem Fruchtkonzentrat. „Natürlich" bedeutet lediglich, dass der Aromastoff auf physikalische oder enzymatische Weise aus einem pflanzlichen oder tierischen Ausgangsstoff gewonnen wurde. Welcher Ausgangstoff das ist, bleibt Geheimnis der Aroma-Industrie. Erdbeeraroma lässt sich zum Beispiel wunderbar aus Sägespänen herstellen.

Neben natürlichen Aromen werden in der Lebensmittelproduktion vor allem naturidentische Aromastoffe eingesetzt. Dabei handelt es sich um Substanzen, die in ihrem chemischen Aufbau zwar dem natürlichen Aroma gleichen, aber rein synthetisch hergestellt werden.

Kurz und knapp

Weitere Penny-Eigenmarken und ihre Hersteller (laut Veterinärkontrollnummer):

Louis d'Or Frischkäse-Zubereitung (mit Knoblauch oder Lachs), Doppelrahmstufe
Veterinärkontrollnummer: D BY 706
➤ Hersteller: **Karwendel-Werke F.X. Huber GmbH & Co. KG**

Mamma Pasta, Pizza Thunfisch, auf Stein gebacken
Veterinärkontrollnummer: D EV 362
➤ Hersteller: **Freiberger Lebensmittel GmbH & Co Produktions- und Vertriebs KG (u.a. Alberto)**

elite ProVit, probiotischer Fruchtjoghurt mild
Veterinärkontrollnummer: D BY 723
➤ Hersteller: **Molkerei Heinrich Gropper KG**

elite Sahnejoghurt mild mit Fruchtzubereitung
Veterinärkontrollnummer: D BW 033
➤ Hersteller: **Campina AG**

Plus

Plus hat sich in den letzten Jahren neben Aldi und Lidl zu einem der bedeutendsten Discounter etabliert.
Plus gehört zur Unternehmensgruppe Tengelmann, deren Geschäftsfelder breit gefächert sind. Die Baumarktkette Obi zählt ebenso dazu wie der Textil-Discounter Kik oder die Drogeriemarktkette kd.
Vor über 100 Jahren wurde in Düsseldorf die erste Tengelmann-Filiale eröffnet. Heute wird der Lebensmitteleinzelhandel über zwei verschiedene Sparten betreut: Neben dem Discounter Plus mit rund 2.600 Filialen gibt es in Deutschland rund 730 Supermärkte, die unter dem gemeinsamen Namen Kaiser's-Tengelmann firmieren.
Die Gestaltung der Eigenmarken ist unterschiedlich: In den Kaiser's-Tengelmann-Filialen wird das hauseigene Billigsortiment unter dem traditionellen Label „A&P“ vermarktet.
Plus hat sich für ein anderes Konzept und andere Produkte entschieden. Statt eines einheitlichen Labels werden hier die einzelnen Warengruppen zu Dachmarken zusammengefasst und erhalten so einen eigenständigen Charakter. So läuft beispielsweise das komplette Eigenmarken-Sortiment im Speiseeis-Bereich unter dem Label „Romanza“, die Softdrink-Linie unter „Trendy“, die Snacks unter „Papa Joe's“. Die Optik ist aufwändiger und ansprechender als bei den A&P-Produkten.
Wer die Plus-Produkte herstellt, bleibt wohl gehütetes Tengelmann-Geheimnis. Auf den rund 800 Eigenmarken des insgesamt ca. 1.900 umfassenden Gesamtsortiments steht lediglich: Hergestellt für die Plus Vertriebs GmbH, 45466 Mülheim an der Ruhr.

Rotwurst

Zimbo Classic Thüringer Zungenrotwurst, 150 g
Hersteller: Zimbo, 98528 Suhl
Veterinärkontrollnummer:
D EV 838

Lindenhof Gutsrotwurst Pommersche Art, 290 g
Hergestellt für: Plus Vertriebs GmbH, 45466 Mülheim an der Ruhr
Veterinärkontrollnummer:
D EV 838

Gemeinsamkeiten:

– identische Veterinärkontrollnummer

➤ Mögliche Preisersparnis (berechnet auf die gleiche Einwaage): ca. 24 Prozent

Die Eigenmarke von Plus und der Markenartikel von Zimbo liegen im Discounter nebeneinander im Regal. Allerdings unterscheiden sich die beiden Wurstsorten deutlich in der Zusammensetzung und Formgebung voneinander.
Mit diesem Produktbeispiel scheinen wir auf ein Plus-Prinzip zu stoßen. Es kommt zwar durchaus vor, dass bei Plus das No-Name-Produkt und das Markenprodukt vom gleichen Hersteller stammen. In der Regel variieren die beiden Artikel dann aber in der Rezeptur oder Verpackungsgröße. Damit vermeidet der Discounter, dass sich die Waren gegenseitig Konkurrenz machen.
Ähnlich verhält es sich auch bei nachfolgendem Beispiel.

Cappuccino-Pulver

Krüger Cappuccino fein & cremig, 400 g
Hersteller: Krüger GmbH & Co. KG, 51469 Bergisch-Gladbach
Veterinärkontrollnummer:
D NW 410

Bremer Stolz Bon Gusto Café, Typ Cappuccino, 200 g
Hergestellt für: Plus Vertriebs GmbH, 45466 Mülheim
Veterinärkontrollnummer:
D NW 410

Gemeinsamkeiten:
- identische Veterinärkontrollnummer
- ähnliches Zutatenverzeichnis

➤ Mögliche Preisersparnis (berechnet auf die gleiche Einwaage): ca. sechs Prozent

Das Krüger-Produkt im Vorteilspack von 400 Gramm steht neben der Plus-Eigenmarke in der 200-Gramm-Dose. Daher fällt bei diesem Beispiel die Preisersparnis relativ gering aus.
Achten Sie bei Ihrem nächsten Einkauf doch einmal auf die Veterinärkontrollnummer „D NW 410". Dieser Code findet sich bei auffällig vielen Handelsmarken. Unter anderem auf dem „Gut und Billig"-Cappuccino von Marktkauf, dem „Caffé Magico"- Cappuccino von Penny und „Bellarom" von Lidl.
Die Zusammensetzungen unterscheiden sich nur unwesentlich. Mal wird das Pulver aromatisiert, mal sind statt 16 Prozent nur 15 Prozent lösliches Kaffeepulver enthalten. Aber der Anteil der wertgebenden Inhaltsstoffe ist in der Regel recht ähnlich.

Vanille-Eis

Landliebe
sahniges Vanille-Eis, 750 ml
Hersteller: In Lizenz hergestellt von der Roncadin GmbH, 49080 Osnabrück
Veterinärkontrollnummer: D NI 087

Romanza Eiskrem
Bourbon Vanille, 2500 ml
Hergestellt für: Plus Vertriebs GmbH, 45466 Mülheim an der Ruhr
Veterinärkontrollnummer: D NI 087

Gemeinsamkeiten:

- identische Veterinärkontrollnummer
  ➤ Mögliche Preisersparnis: ca. 62 Prozent

Die Marke „Landliebe" ist im Besitz des Molkereikonzerns Campina. Während klassische Milcherzeugnisse wie Pudding, Griespudding oder Joghurt in eigenen Häusern produziert werden, hat Campina die Eiscreme-Herstellung an Roncadin vergeben. Die unter Verbrauchern völlig unbekannte Firma ist ein international ausgerichteter Eiscremeproduzent. In den 70er Jahren aus einer kleinen italienischen Eisdiele in Osnabrück entstanden, hat die Firma heute über 1.000 Mitarbeiter.

Roncadin produziert in Lizenz alle Landliebe-Eissorten, zusätzlich auch die Dr.-Oetker-Eissorten „Schatztruhe" und Dr. Oetker „Nasch" sowie zahlreiche Handelsmarken.

Für die Landliebe-Produkte gelten bestimmte Qualitätsvorgaben, zum Beispiel Milch von ausgewählten Bauernhöfen, Verwendung von frischer Sahne und Verzicht auf Speisegelatine und Konservierungsstoffe. So lässt sich das Markeneis von Landliebe nicht unmittelbar mit der Eigenmarke von Plus vergleichen. Für Eisliebhaber kann es jedoch interessant sein zu wissen, dass No-Name-Produkte mit der Veterinärkontrollnummer D NI 087, die oftmals zu einem sehr günstigen Preis im Tiefkühlregal liegen, von der gleichen Firma stammen, die auch „Landliebe"- und „Dr. Oetker"-Eis produziert.

Kurz und knapp

Weitere Plus-Produkte und ihre Hersteller (laut Veterinärkontrollnummer):

Valgrande Mozzarella
Veterinärkontrollnummer D BY 721
➤ Hersteller: **Zott KG**

Gourmeat Metzger-Hinterschinken gegart
Veterinärkontrollnummer: D EV 356
➤ Hersteller: **Metten Fleischwaren GmbH & Co. KG**

Almsana Vanilla mit geschlagener Sahne, feine Dessert-Creme mit Vanillegeschmack
Veterinärkontrollnummer: D NW 203
➤ Hersteller: **Molkerei H. Strothmann GmbH**

Probiotischer Drink mit Ballaststoff Oligofructose
Veterinärkontrollnummer: D BY 723
➤ Hersteller: **Molkerei Heinrich Gropper KG**

Almsana Buttermilch Dessert
Veterinärkontrollnummern: D SN 016, D BY 718
➤ Hersteller: **Molkerei Alois Müller GmbH & Co.**

Edeka

Die Edeka-Gruppe ist ein freiwilliger Zusammenschluss selbstständiger Einzelhandelskaufleute des Lebensmittelhandels. Je nach Verkaufsgröße heißen die Edeka-Märkte entweder „center“, „neukauf“ oder „activ-markt“.

Eigenmarken haben bei Edeka eine langjährige Tradition. Am bekanntesten sind sicher die so genannten Qualitäts-Eigenmarken wie „Rio Grande“ bei den Obstkonserven und Konfitüren oder „Mibell“ bei den Molkereiprodukten. Eine Preiskategorie darunter hat Edeka bei rund 450 Produkten das Label „Gut & Günstig“ eingeführt.

Für Verbraucher dürfte die Fülle an unterschiedlichen Klassifizierungen, Dachmarken und Handelsmarken verwirrend sein, zumal auf einer zunehmenden Anzahl von Lebensmitteln auch noch das Euro-Shopper-Zeichen auftaucht. Wer sich jedoch intensiver mit den Edeka-Labels befassen will, wird auf der Homepage www.edeka.de fündig. Edeka ist einer der wenigen Handelskonzerne, die das Konzept und die Qualitätspolitik ihrer Eigenmarken im Internet ausführlich erläutern.

Unsere aufgeführten Produktbeispiele liegen bei Edeka direkt nebeneinander im Regal oder in der der Tiefkühltruhe.

Schoko-Getränk

Müllermilch Schoko, 500 ml
Hersteller: Molkerei Alois Müller GmbH & Co, 86850 Aretsried
Veterinärkontrollnummern: D BY 718, D SN 016

Mibell Milchdrink Schoko, Edeka-Qualitätsmarke, 500 ml
Hersteller: T.M.A. GmbH, 86850 Fischach
Veterinärkontrollnummern: D BY 718, D SN 016

Gemeinsamkeiten:
- identische Veterinärkontrollnummern
- identisches Zutatenverzeichnis
- identischer Vitaminzusatz
- sehr ähnliche Nährwertangaben
- gleiche Verpackungsart
- gleiche Postleitzahl
    - ➤ Mögliche Preisersparnis: ca. 29 Prozent

Zwischen Hersteller- und Handelsmarke gibt es hier extrem viele Gemeinsamkeiten. Neben der identischen Zutatenliste fällt vor allem der Vitaminzusatz ins Auge. In beiden Milchmisch-Getränken werden exakt die gleichen Vitamine in exakt der gleichen Menge zugesetzt.
Nicht nur der Mibell Schoko-Trunk stammt aus dem Hause Müller, sondern auch die Geschmacksrichtungen Banane, Vanille und Erdbeer.

Paella, tiefgekühlt

Frosta Paella, 750 g
Hersteller: Frosta AG, 27533 Bremerhaven
Veterinärkontrollnummern:
D HB EFB 048,
D EV 847

Paella, Gut & Günstig, Euro-Shopper, 750 g
Hersteller: Copack Tiefkühlkost Produktionsges. mbH, 27531 Bremerhaven
Veterinärkontrollnummern:
D HB EFB 048, D EV 847

Gemeinsamkeiten:

- identische Veterinärkontrollnummern
- gleicher Herstellungsort
- ähnliches Aussehen
  - ➤ Mögliche Preisersparnis: 53 Prozent

Frosta produziert nicht nur eigene Markenartikel, sondern beliefert unter dem Namen „Copack" auch zahlreiche Handelsketten, neben Edeka zum Beispiel auch Aldi.
Bei seinen eigenen Markenprodukten verzichtet Frosta auf Farbstoffe, Aromazusätze, Geschmacksverstärker, Emulgatoren, Stabilisatoren und chemisch modifizierte Stärke. Mit diesem Reinheitsgebot hat das Unternehmen in der Branche für Furore gesorgt. Hochwertige Rohstoffe und technisches Know-how sollen Zusatzstoffe ersetzen. Offensichtlich greift diese Philosophie auch bei einigen Handelsmarken, die Frosta produziert. Die Gut & Günstig-Paella hat keine E-Nummern, lediglich Aromen werden zugesetzt.

Linseneintopf in der Dose

Erasco Linsen-Eintopf Hausmacher Art, 800 g
Hersteller: Campbells Germany, 23560 Lübeck
Veterinärkontrollnummer: D EV 2

Linseneintopf, Gut & Günstig, Euro-Shopper, 800 g
Hersteller: König & Hartung, 23560 Lübeck
Veterinärkontrollnummer: D EV 2

Gemeinsamkeiten:

- identische Veterinärkontrollnummer
- gleicher Herstellungsort

- identisches Zutatenverzeichnis
- gleiche Art von Stempelaufdruck
- sehr ähnliches Aussehen
  ➤ Mögliche Preisersparnis: 53 Prozent

Außer bei der Dosenbanderole scheint es bei diesen beiden Fertigsuppen kaum Unterschiede zu geben. Die Zutatenliste ist gleich, die Veterinärkontrollnummer stimmt überein, und auch rein optisch lässt sich kaum kein Unterschied feststellen.

Kurz und knapp

Weitere Edeka-Eigenmarken und ihre Hersteller
(laut Veterinärkontrollnummer):

<u>Mibell Feine Quark-Creme, Vanille-Geschmack, Edeka-Qualitätsmarke</u>
Veterinärkontrollnummer: D NI 059
➤ Hersteller: **Humana Milchunion eG**

<u>Mibell Feine Dessertcreme mit Sahne, Vanillegeschmack, Gut & Günstig</u>
Veterinärkontrollnummer: D BY 727
➤ Hersteller: **Ehrmann AG**

<u>Ravioli Bolognese, Gut & Günstig, Euro-Shopper</u>
Veterinärkontrollnummer: D EV 78
➤ Hersteller: **Nestlé Deutschland AG (Maggi-Werk, Singen)**

Kaufland

Die Kaufland-Warenhäuser und -Verbrauchermärkte gehören wie der Discounter Lidl zur Schwarz-Gruppe. Für Verbraucher ist dieser gemeinsame Ursprung nicht erkennbar, beide Handelsketten agieren völlig unabhängig voneinander. Nach Brancheninformationen gibt es keinerlei Kooperationen zwischen Lidl und Kaufland.
1984 wurde die erste Kaufland-Filiale in Neckarsulm eröffnet, zum Shootingstar entwickelte sich das Handelsunternehmen jedoch erst nach der Wende. Kaufland fasste in den neuen Bundesländern besonders erfolgreich Fuß und gilt heute als Marktführer in Ostdeutschland. Folglich stammt auch ein vergleichsweise hoher Anteil des Sortiments von ostdeutschen Herstellern.
Relativ neu ist die Eigenmarke K-Classic, die erst im Herbst 2003 eingeführt wurde. Hohe Anforderungen an die Produktion, ständige Kontrollen und der Einsatz unabhängiger Prüfinstitute garantierten erstklassige Qualität, lässt Kaufland über das neue Label verlauten. Wir fanden einige prominente Hersteller.

Fischstäbchen

Iglo Fischstäbchen, knusprig paniert, 100 Prozent Filet, 450 g
Hersteller: Langnese-Iglo, Hamburg
Veterinärkontrollnummer:
D HB EFB 038

Fischstäbchen K-Classic, knusprig paniert, 100 Prozent Filet, 450 g
Hergestellt für: Kaufland Warenhandel GmbH & Co. KG, 74149 Neckarsulm
Veterinärkontrollnummer:
D HB EFB 038

Gemeinsamkeiten:
- identische Veterinärkontrollnummer
- gemeinsame Auslobung: keine Geschmacksverstärker, ohne künstliche Farb- und Aromastoffe
  ➤ Mögliche Preisersparnis: ca. 28 Prozent

In beiden Produkten sind 65 Prozent Weißfisch-Filet enthalten. Die Würzung ist jedoch unterschiedlich. Bei Iglo werden Panierbrösel mit Gewürzen verwendet, weiterhin ist natürliches Aroma zugesetzt. Für Iglo-Fischstäbchen werden laut Packung grundsätzlich nur zwei Weißfisch-Sorten verwendet: Alaska-Seelachs aus dem Nord-Pazifik oder Seelachs aus dem Nordost-Atlantik und der Nordsee. Im K-Classic-Produkt können dagegen auch die Fischarten Seehecht und Blauer Seehecht enthalten sein. Welches Fischfilet unter der Panade steckt, lässt sich an der Buchstabenprägung neben dem Haltbarkeitsdatum ablesen. Hersteller beider Fischstäbchen ist die „Frozen Fish International" mit Sitz in Bremerhaven.

Frischkäse

Buko Frischkäse, Der Sahnige, 200 g
Hersteller: Aral Foods, DK-8260 Viby J.
Veterinärkontrollnummer:
DK M 198

K-Classic Frischkäse, 200 g
Hergestellt für: Kaufland Warenhandel GmbH & Co. KG, 74149 Neckarsulm
Veterinärkontrollnummer:
DK M 198

Gemeinsamkeiten:

- identische Veterinärkontrollnummer
- identische Nährwertkennzeichnung
- gleiche Zutaten: Frischkäse (Doppelrahmstufe), Speisesalz
  - ➤ Mögliche Preisersparnis: ca. 31 Prozent

Beide Produkte liegen bei Kaufland nebeneinander im Regal. Die Übereinstimmungen sind bezeichnend. Testen Sie im Blindversuch doch einmal selbst, ob Sie Marke von No-Name unterscheiden können.

Kurz und knapp

Weitere Kaufland-Eigenmarken und ihre Hersteller (laut Veterinärkontrollnummer):

K-Classic Bami Goreng, tiefgefroren
Veterinärkontrollnummer: D EV 22
➤ Hersteller: **Hansa Fertigmenü GmbH & Co. KG (apetito)**

K-Classic Nasi Goreng, tiefgefroren
Veterinärkontrollnummer: D EV 847
➤ Hersteller: **Copack Tiefkühlkost Produktionsges. mbH, Werk Schottke (Frosta)**

K-Classic Ravioli Bolgonese, mit mild-würziger Fleischsauce
Veterinärkontrollnummer: D EV 78
➤ Hersteller: **Nestlé Deutschland AG, Maggi-Werk, Singen**

Schlecker

Bei Schlecker, nach eigenen Angaben weltgrößter Drogerie-Markt, machen Eigenmarken rund 15 Prozent des Umsatzes aus. Das Hygiene- und Waschmittelsortiment unter dem Label „AS“ heimst bei Analysen von Stiftung Warentest und „Öko-Test“ regelmäßig gute Noten ein. Da wir uns in diesem Ratgeber jedoch auf Nahrungsmittel beschränken, werfen wir einen Blick auf das breite Gebäcksortiment unter dem Schlecker-Label „Marbello“.

Ei-Gebäck mit Orangenfruchtfüllung und Schokolade

Griesson
Soft Cake Orange, 150 g
Hersteller: Griesson de Beukelaer, 56751 Polch

Marbello
Orange Cake, 300 g
Hersteller: HG Süßwaren-Vertriebs GmbH, 56751 Polch

Gemeinsamkeiten:
- gleicher Herstellungsort
- identisches Zutatenverzeichnis
- sehr ähnliches Aussehen
  - ➤ Mögliche Preisersparnis: ca. 44 Prozent

Hier gibt es viele, viele Zufälle: Schlecker bezieht sein Gebäck von einer Süßwaren-Vertriebs GmbH aus Polch, wo auch Griesson de Beukelaer eine Produktionsstätte hat. Die Zutatenliste beider Produkte ist bis aufs Komma identisch, und auch Aussehen und Geschmack sind bezeichnend ähnlich.

Griesson de Beukelaer redet zwar nicht gerne darüber, aber im „HandelsMagazin" lässt sich nachlesen, dass der Gebäckhersteller in „erheblichem Umfang" Handelsmarken produziert.
Bezeichnenderweise liegt bei Schlecker die 150-Gramm-Packung vom Griesson Soft Cake neben der doppelt so großen Packung von Marbello – mit nur zehn Cent Preisunterschied. Daher fällt die Preisersparnis in diesem Fall extrem hoch aus.

Waffel-Röllchen mit Vollmilchschokolade

Bahlsen Waffeletten, 100 g
Hersteller: Bahlsen,
30001 Hannover

Marbello Choco Röllchen, 125 g
Hersteller: Gottena Keks- und Waffelfabrik GmbH & Co. KG,
29640 Schneverdingen

Gemeinsamkeiten:
- ähnliche Zutatenliste
- ähnliches Aussehen
  ➤ Mögliche Preisersparnis: ca. 45 Prozent

Die Firma Gottena ist eine Tochtergesellschaft von Bahlsen. Über das Schneverdingener Unternehmen lässt Bahlsen einen Teil seiner Aktivitäten im Bereich „Handelsmarken" laufen.
Die Optik beider Waffelröllchen ist sehr ähnlich. Und auch in der Rezeptur gibt es nur wenige Unterschiede: Der Schokoladen-Anteil im Bahlsen-Waffelröllchen liegt bei 28 Prozent, im Gottena-Produkt bei 26 Prozent. Außerdem wird im Bahlsenprodukt als Backtriebmittel Ammoniumcarbonat verwendet.

Bunt gemixt: Weitere „Billig-Labels“ und ihre möglichen Hersteller

Babynahrung

Bei Babygläschen ist das Sortiment an Marken relativ gering. Für junge Mütter stellt sich in der Regel eigentlich nur die Frage: Hipp oder Alete? Man kann die Frage aber auch anders formulieren: Bebivita oder Milasan?

Das Sortiment dieser Marken ist recht ähnlich wie bei Hipp oder Alete: Neben Milchpulver gibt es Gläschen, Säfte und Tees. Bebivita („viel Gutes zum kleinen Preis“) und Milasan („außergewöhnlich gutes Preis-Leistungs-Verhältnis“) sind mittlerweile in zahlreichen Drogerien, Supermärkten und Discountern gelistet.

Wir haben uns jeweils ein Gläschen der „Billigmarken“ herausgepickt und nach Gemeinsamkeiten mit den renommierten Markenherstellern gesucht.

Hipp – Bebivita

<u>Hipp Reis mit Karotten und Bio-Pute, 220 g</u>
Hersteller: Hipp GmbH & Co. Vertrieb KG,
85265 Pfaffenhofen
Veterinärkontrollnummern:
D EV 237 und AT 031

<u>Bebivita Gemüse-Reis mit zarter Pute, 220 g</u>
Hersteller: Bebivita GmbH,
80086 München
Veterinärkontrollnummern:
D EV 237 und AT 031

Gemeinsamkeiten:

- identische Veterinärkontrollnummern

- Schraubverschluss mit gleicher Aufdrucks-Art zur Chargen-Rückverfolgung (Schriftgröße, Codierung, Plazierung)
  ➤ Mögliche Preisersparnis: ca. 21 Prozent

Die Gläschen tragen die gleichen Veterinärkontrollnummern. Trotzdem kann man die Hipp-Produkte nicht eins zu eins mit den Bebivita-Produkten vergleichen. Im Hipp-Gläschen stecken Zutaten aus anerkannt biologischem Anbau, bei Bebivita spricht man von „kontrolliertem Vertragsanbau". Die Qualitätskontrollen für beide Marken dürften aber wohl ähnlich streng gehandhabt werden.
Spekulativ bleibt natürlich, ob alle Bebivita-Produkte (auch die nicht fleischhaltigen ohne Veterinärkontrollnummer) aus dem Hause Hipp stammen. Es gibt dafür jedoch einen recht eindeutigen Anhaltspunkt: Die Firma Bebivita faxte im Zuge der Acrylamid-Problematik an die Drogeriekette „dm" eine Stellungnahme – und als Absender stand auf der Fax-Kennung der Name „Hipp" …

Alete – Milasan

Alete Spagetti in Sauce Bolognese, 220 g	Milasan Spagetti Bolognese, 220 g
Hersteller: Nestlé Alete GmbH, 80686 München	Hersteller: Milasan GmbH, 84570 Polling
Veterinärkontrollnummern: D EV 934 und D EV 95	Veterinärkontrollnummern: D EV 934 und D EV 95

Gemeinsamkeiten:
- identische Veterinärkontrollnummern
- gleiche Öko-Kontrollstelle
- ähnliche Produktauslobungen und Verzehrempfehlungen

- gebührenfreie Servicenummer
  ➤ Mögliche Preisersparnis: ca. 14 Prozent

Die Zutaten kommen sowohl bei Alete als auch bei Milasan aus ökologischem Anbau und ökologischer Tierhaltung. Die Rezeptur der Gläschen ist allerdings etwas unterschiedlich.

Tiefkühl-Backwaren

Apfel-Strudel Coppenrath & Wiese, Conditorfrisch, tiefgefroren, zum Selberbacken, 600 g Hersteller: Conditorei Coppenrath & Wiese, 49076 Osnabrück	Apfel-Studel Grotemeyer's Konditorei, zum Selberbacken, konditorfrisch, tiefgefroren, 600 g Hersteller: Grotemeyer's Konditorei, 49497 Mettingen

Gemeinsamkeiten:
- sehr ähnliches Zutatenverzeichnis
- ähnliches Aussehen
- sehr ähnliche Zubereitungstipps
- ähnlicher Schrifttyp
  ➤ Mögliche Preisersparnis: ca. 36 Prozent

Um eines vorwegzunehmen: Die Firma Coppenrath & Wiese gibt – zumindest in Fachkreisen – unumwunden zu, Handelsmarken zu produzieren. Zur Differenzierung von Hersteller- und Handelsmarken setze das Unternehmen unterschiedliche Produktgrößen und Produktgewichte ein. Abstriche an der Produktqualität würden jedoch nicht gemacht, erläuterte Geschäftsführer Martin Möllmann im Oktober 2003 auf der Lebensmittelmesse Anuga. Unter welchen Labels

die Billigprodukte laufen, erwähnte Möllmann leider nicht. Vielleicht bringen aber folgende Informationen etwas Licht ins Dunkel:
Produkte von Grotemeyer's Konditorei sind in zahlreichen Lebensmittelgeschäften vertreten. In jüngster Zeit fand bei dieser Firma ein wundersamer Ortswechsel statt. Auf früheren Packungen stand als Herstelleradresse: Zum Attersee 2, 49076 Osnabrück. Die gleiche Adresse steht auf den Coppenrath-&-Wiese-Produkten: Zum Attersee 2, 49076 Osnabrück. Neuerdings sitzt die Firma Grotemeyer's Konditorei jedoch in der Hansastr. 10, 49497 Mettingen, einem Ort ganz in der Nähe von Osnabrück. Vielleicht haben zu viele Verbraucher beim Vergleich der Verpackungsaufschrift das teurere Markenprodukt liegen gelassen und zum Grotemeyer-Produkt gegriffen?
Im Übrigen weist das Sortiment von Grotemeyer's Konditorei und Coppenrath & Wiese auffällige Parallelen auf. Ob Schwarzwälder Kirsch, Schoko-Sahne oder Pflaumenkuchen. All diese Varianten gibt es – in sehr ähnlicher Aufmachung – sowohl von der einen als auch von der anderen Firma.
Machen Sie sich auf derartige Gegebenheiten Ihren eigenen Reim – und vor allem: Machen Sie einmal eine Kostprobe. Sie werden feststellen, dass viele Produkte nicht gleich, aber doch sehr ähnlich sind.

Feinkost-Salate

Homann
roter Heringssalat, 200 g
Hersteller: Homann Feinkost, 49197 Dissen
Veterinärkontrollnummer: D NI EFB 080

Gloria
Heringssalat mit roter Bete, 200 g
Hersteller: Christian Wunner GmbH, 22017 Hamburg
Veterinärkontrollnummer: D NI EFB 080

Gemeinsamkeiten:

- Identische Veterinärkontrollnummer
  - ➤ Mögliche Preisersparnis: ca. 25 %

Die Marke „Gloria“ ist mit Heringssalat und Fleischsalat in vielen Kühlregalen vertreten. Obwohl als Hersteller eine Christian Wunder GmbH angegeben ist, tragen die Gloria-Salate die gleiche Veterinärkontrollnummer wie die Homann-Produkte. Eine Erklärung findet sich im Handbuch der Deutschen Wirtschaft. Hier wird die Marke Gloria der Firma Homann zugeordnet.

Homann war bis Ende der 90er Jahre eine Unilever-Tochter, firmiert nach dem Verkauf nun aber als „Beeck-Homann“-Feinkostgruppe. Offenbar deckt die Firma mit dem Gloria-Label die etwas günstigere Preiskategorie ab. Folglich ist die Zusammensetzung der beiden Feinkost-Salate etwas unterschiedlich. Im Homann-Produkt ist der Fisch-Anteil höher, im Gloria-Salat dagegen der Rote-Bete-Anteil.

Übrigens: Wie ein Lebensmittel beschaffen sein muss, kann der Hersteller nicht willkürlich festlegen. Ausschlaggebend ist das „Deutsche Lebensmittelbuch. Leitsätze 2003“. In diesem Standardwerk werden exakte Vorgaben über Verkehrsbezeichnung, Qualität und Zusammensetzung von Lebensmitteln zusammengefasst.

Auf einen Blick: Lebensmittelhersteller und ihre Veterinärkontrollnummern

EWG-Betriebsnummer, Genusstauglichkeitskennzeichen, Veterinärkontrollnummer. In der Amtssprache gibt es mehrere Begriffe für das Zahlen- und Buchstaben-Gewirr, das innerhalb der Europäischen Union einen Herstellerbetrieb kennzeichnet.

Die deutschen Betriebe werden EU-weit zugelassen und müssen im Bundesanzeiger veröffentlicht werden. Nur diese Daten besitzen amtliche Relevanz. Die derzeit gültige Liste stammt vom 4. Juli 2002, auch wir haben daraus unsere Auszüge entnommen. In der Zwischenzeit fanden in der Food-Branche jedoch mehrere Fusionen und Übernahmen statt, so dass sich bei manchen Firmen eventuell Namensänderungen ergeben haben.

Im Kapitel „Der Schlüssel zum Schloss“ haben Sie bereits alles Wesentliche über den Aufbau der Veterinärkontrollnummern und über die Bedeutung der Abkürzungen erfahren. Eines bleibt jedoch noch zu erwähnen: Ab und zu werden Sie Mühe haben, die Nummern überhaupt zu finden, denn nicht immer ist der Stempel in ovaler Form deutlich auf der Verpackung aufgedruckt. Bei Kartonverpackungen kann die Codierung zum Beispiel auch kaum sichtbar in der Pappe eingestanzt sein oder sich im Zahlen-Dschungel zwischen den Angaben zum Mindesthaltbarkeitsdatum und Chargen-Rückverfolgung verbergen. Dennoch: Bleiben Sie dran. Irgendwo sind die Daten versteckt.

Auch die Ausgestaltung der Nummern ist teilweise verwirrend. Da viele Hersteller mehrere Produktionsbetriebe haben, können die Produkte von der gleichen Firma stammen und trotzdem verschiedene Kontrollnummern tragen. Zudem wird bei Fisch- und Fleischprodukten manchmal das Bundesland mit angegeben, in dem das Lebensmittel produziert wurde. Meistens belässt man es jedoch dabei, nur die Art des Verarbeitungsbetriebes (also zum Beispiel EZG, EV, EFB) zu erwähnen. Bei Molkereierzeugnissen hingegen ist die Wiedergabe des Bundeslandes Pflicht. Letzten Endes sind diese Unterschiede für Ihren Vergleich von No-Name- und Markenprodukten jedoch nicht relevant.

Wir können aus Platzgründen in diesem Ratgeber lediglich eine Auswahl von Betriebsnummern veröffentlichen, haben jedoch bewusst diejenigen ausgewählt, die im täglichen Einkauf die wichtigste Rolle spielen. Wenn Sie in den Tabellen Ihren gesuchten Hersteller nicht finden sollten, haben Sie die Möglichkeit, selbst im Internet zu recherchieren. Das virtuelle Amtsblatt der EU hält unter der Adresse http://www.vetlex.com alle entsprechenden Daten bereit. Für die rasche Suche eignet sich jedoch auch ein Klick auf die private Seite http://www.pruefziffernberechnung.de.

Unter dem Stichpunkt „Veterinärkontrollnummern“ sind hier die in Deutschland zugelassenen Lebensmittelproduzenten erfasst.

Molkereierzeugnisse
In Deutschland zugelassene Betriebe für die Herstellung und Vermarktung von Rohmilch, wärmebehandelter Milch und Erzeugnissen auf Milchbasis (Auswahl)

D BB 006	Tuffi Campina emzett GmbH, Prenzlau
D BB 007	Tuffi Campina emzett GmbH, Elsterwerda
D BB 018	Parmalat Molkerei GmbH, Gransee
D BB 023	Schöller Lebensmittel GmbH & Co. KG, Prenzlau
D BB 024	Walter Rau, Lebensmittelwerke GmbH & Co. KG, Veiten
D BW 010	Hohenloher Molkerei eG, Schwäbisch-Hall
D BW 020	Allgäuland-Käserei GmbH, Riedlingen

D BW 033	Campina GmbH, Heilbronn
D BW 046	Allgäuland Käsereien GmbH, Tübingen
D BW 061	Bodensee-Alb-Milch GmbH, Rottweil
D BW 112	Allgäuland-Käsereien GmbH, Betrieb Adrazhofen, Leutkirch
D BW 218	Allgäu Emmentaler-Käserei Leupolz eG, Wangen-Leupolz
D BW 308	BEL Adler Allgäu GmbH & Co., Wangen
D BW 322	Allgäuland-Käsereien GmbH, Kißlegg-Zaisenhofen
D BW 331	Jeremi-Käsewerk GmbH, Laupheim-Baustetten
D BW 376	Breisgaumilch GmbH, Freiburg
D BW 382	Schwarzwaldmilch GmbH, Offenburg
D BW 402	Molkereizentrale Südwest eG, Karlsruhe
D BW 412	Nestlé Deutschland AG, Thomy Werk, Karlsruhe
D BY 103	Staatliche Molkerei Weihenstephan GmbH, Freising
D BY 104	Neuburger Milchwerke GmbH & Co. KG, Neuburg a. D.
D BY 107	Nestlé Deutschland AG, Allgäuer Alpenmilch-Werk Weiding, Polling
D BY 108	Grünland Allgäuer Käsewerk GmbH, Werk Salmanskirchen, Ampfing
D BY 110	Milchwerke Berchtesgadener Land Chiemgau eG, Piding
D BY 111	Meggle GmbH, Wasserburg a. Inn
D BY 112	Milchverarbeitung J. Bauer KG, Wasserburg a. Inn
D BY 113	Wendelstein Käsewerk GmbH & Co. Molkerei KG, Bad Aibling
D BY 114	Alpenhain Camembert-Werk, Gottfried Hain GmbH & Co. KG, Lehen/Oberbayern
D BY 118	Neuburger Milchwerke GmbH & Co. KG, Dachau

D BY 119	Gervais Danone AG, Rosenheim
D BY 123	Feinkäserei Hochland GmbH, Schongau
D BY 126	Nestlé Deutschland AG, Allgäuer Alpenmilch-Werk Weiding, Traunstein
D BY 137	Fa. Hipp-Werk, Pfaffenhofen/Ilm
D BY 210	Goldsteig Käsereien Bayernwald GmbH, Cham-Plattling GmbH, Plattling
D BY 261	Goldsteig Käsereien Bayernwald GmbH, Tittling
D BY 262	Goldsteig Käsereien Bayernwald GmbH, Werk Hartkirchen, Pocking
D BY 270	Frischli Milchwerk GmbH & Co. Huber OHG, Eggenfelden
D BY 273	J. Bauer KG, Pfarrkirchen
D BY 280	Goldsteig Käsereien Bayernwald, Cham-Plattling, Regen
D BY 290	Goldsteig Käsereien Bayernwald GmbH, Niederwinkling
D BY 291	Goldsteig Käsereien Bayernwald GmbH, Straubing
D BY 301	Goldsteig Käsereien Bayernwald GmbH, Cham
D BY 302	Naabtaler Milchwerke Bechtel OHG, Pleystein
D BY 303	Naabtaler Milchwerke, Milchwerke Bechtel OHG, Schwarzenfeld
D BY 305	Milchwerke Regensburg eG, Amberg
D BY 306	Milchwerke Regensburg eG, Regensburg
D BY 307	Naabtaler Milchwerke Bechtel OHG, Weiden
D BY 310	Naabtaler Milchwerke OHG, Waldmünchen
D BY 402	Käserei Bayreuth eG, Bayreuth
D BY 541	Albflor Milchwerke GmbH, Simmeisdorf
D BY 544	Schöller Lebensmittel GmbH & Co. KG, Nürnberg
D BY 545	Bayernland eG, Nürnberg
D BY 601	Gervais Danone AG, Ochsenfurt

D BY 602	Milchwerke Mainfranken eG, Würzburg
D BY 701	Nestlé Deutschland AG, Allgäuer Alpenmilch-Werk, Biessenhofen
D BY 706	Karwendel-Werke Franz X. Huber, Buchloe
D BY 710	Allgäuer Käsereien GmbH, Sonthofen
D BY 711	Käserei Champignon Hofmeister GmbH & Co. KG, Heising
D BY 712	Zott GmbH & Co, Günzburg
D BY 718	Molkerei Alois Müller GmbH & Co, Aretsried
D BY 721	Zott KG, Mertingen
D BY 723	Molkerei Heinrich Gropper KG, Bissingen
D BY 727	Ehrmann AG, Oberschönegg
D BY 745	Hochland, Reich, Summer & Co, Heimenkirch
D HE 003	Milchwerke Fulda-Lauterbach eG, Fulda
D HE 004	Kurhessische Molkereizentrale AG, Bad Wildungen
D HE 006	Kurhessische Molkereizentrale AG, Waldeck
D HE 007	Milchwerke Fulda Lauterbach eG, Hungen
D HE 008	Kurhessische Molkereizentrale AG, Eschwege
D HE 011	Milchwerke Fulda-Lauterbach eG, Neukirchen
D HE 013	Schwälbchen Molkerei – Jakob Berz AG, Bad Schwalbach
D HE 034	Molkerei Lindenberg, Gebr. Krell GmbH & Co. KG, Kassel
D HE 040	Langnese-Iglo GmbH, Heppenheim
D MV 005	Nordgut Käsewerk Hoffman & Co. KG, Blievenstorf
D MV 008	Bützower Molkerei und Dauermilchwerk GmbH, Bützow
D MV 009	Rücker's Ostsee-Molkerei Wismar GmbH, Wismar
D MV 011	Küstenland GmbH, Rostock
D MV 017	Westmilch Milchunion Mecklenburg- Vorpommern GmbH, Bergen Rügen

D MV 027	Westmilch Milchunion Mecklenburg-Vorpommern GmbH, Altentreptow
D MV 029	Zentralkäserei Mecklenburg-Vorpommern GmbH, Dargun
D NI 002	Frischli-Molkerei Gifhorn Böge GmbH & Co. KG, Gifhorn
D NI 005	Nordmilch eG, Isernhagen
D NI 006	Frischli Milchwerke, Rehburg-Loccum
D NI 010	Nordmilch eG, Zeven
D NI 011	Nordmilch eG, Otterndorf
D NI 014	Nordmilch eG, Ovelgönne-Stückhausen
D NI 024	Nordmilch eG, Stuhr-Seckenhausen
D NI 035	Uelzena Milchwerke e.G, Uelzen
D NI 039	Nordmilch eG, Sittensen
D NI 053	Nestlé-Milchfrischprodukte GmbH, Lüneburg
D NI 054	Nordmilch eG, Göttingen-Grone
D NI 059	Humana Milchunion eG, Georgsmarienhütte
D NI 060	Kraft Jacobs Suchard, Fallingbostel
D NI 062	Nestlé Motta GmbH, Schwanewede
D NI 063	Nordmilch eG, Beesten
D NI 076	Schöller Lebensmittel GmbH & Co. KG, Uelzen
D NI 086	Nordmilch eG, Edewecht
D NI 087	Roncadin GmbH, Osnabrück
D NI 102	Eisbär Eis GmbH, Apensen
D NI 107	Petri-Feinkost GmbH, Ottenstein
D NI 300	Apostel GmbH, Garbsen
D NW 201	Humana Milchunion eG, Everswinkel
D NW 203	Molkerei H. Strothmann GmbH, Gütersloh
D NW 204	Humana Milchunion eG, Everswinkel
D NW 303	Onken GmbH, Moers

D NW 304	Tuffi Campina emzett GmbH, Wupptertal
D NW 309	Union Deutsche Lebensmittelwerke GmbH, Kleve
D NW 321	Fa. Bestfoods Deutschland GmbH & Co. OHG, Krefeld
D NW 401	Campina GmbH, Köln
D NW 403	Tuffi Campina Milchwerke GmbH & Co. KG, Landlar-Hommerich
D NW 503	Privatmolkerei Borgmann, Coesfeld
D NW 507	Privatmolkerei Borgmann, Dorsten
D NW 508	Humana Milchunion eG, Everswinkel
D NW 511	Privatmolkerei Borgmann, Coesfeld
D NW 514	Sanobub GmbH, Recke
D NW 520	Schroer Eis GmbH, Haltern
D SH 012	Nestlé Deutschland AG, Glücksklee-Werk, Neustadt
D SH 027	Nordmilch eG, Hohenweststedt
D SN 006	Molkerei Hainichen-Freiberg GmbH & Co. KG, Freiberg
D SN 009	Heinrichstaler Milchwerke GmbH, Radeberg
D SN 016	Sachsenmilch AG, Leppersdorf Sachsenmilch AG, Leppersdorf
D ST 202	Frischli Molkerei Weißenfeld GmbH, Weißenfeld
D TH 601	Milchwerke Thüringen GmbH, Erfurt
D TH 603	Herzgut Landmolkerei Schwarza eG, Rudolstadt-Schwarza
D TH 607	Rhöngold Molkerei Fricke GmbH & Co, Kaltensudheim

Fleischerzeugisse In Deutschland zugelassene Fleischverarbeitungsbetriebe (Auswahl)	
D EV 2	Campbell's Germany GmbH, Lübeck
D EV 3	Plumrose-Böklunder GmbH, Böklund
D EV 15	Westfälische Fleischwarenfabrik Stockmeyer GmbH & Co. KG, Sassenberg-Füchtorf
D EV 21	Heinrich Hamker Lebensmittelwerke GmbH & Co. KG, Bad Essen
D EV 22	Hansa-Fertigmenü GmbH & Co, Hilter
D EV 25	Fritz Homann Lebensmittelwerke GmbH & Co. KG, Bissen a. TW
D BB-EV 026	Zimbo Fleisch- und Wurstwarenproduktion GmbH & Co. KG, Linthe
D EV 27	H. Kemper Fleischwarenfabrik, Nortrup
D EV 28	Klümper & Stamme GmbH & Co. KG, Schüttorf
D EV 29	Klümper & Stamme GmbH & Co. KG, Schüttorf
D EV 30	Tulip International GmbH, Schüttorf
D EV 31	Gebr. Schulte AG Fleischwarenfabrik Werk 1, Dissen a.TW
D EV 33	Friedrich Piper, Oldenburgische Fleischwarenfabrik GmbH & Co. KG, Cloppenburg
D EV 34	Meica Ammerländische Fleischwarenfabrik Fritz Meinen GmbH & Co., Edewecht
D EV 35	Abraham Ammerländer Schinken GmbH & Co. KG, Edewecht-Osterscheps
D EV 36	Schafft Fleischwerke Ansbach, Zweigniederlassung der Union Deutsche Lebensmittelwerke GmbH, Hamburg
D HB-EV 036	Nadler Feinkost GmbH, Bremerhaven

D EV 39	Nestlé Deutschland AG, Herta- Werk Herten, Herten
D EV 42	Bernhard Barfuss, Oer-Erkenschwick
D EV 43	Wagner Tiefkühlprodukte GmbH, Nonnweiler-Braunshausen
D EV 49	Buss GmbH & Co. KG, Ottersberg
D EV 50	Kaufland Fleischwaren GmbH und Co. KG, Offenburg
D EV 52	Lutz Fleischwaren AG, Blumberg
D EV 58	Westfälische Fleischwarenfabrik H. & E. Reinert KG, Versmold
D EV 61	Heinrich Nölke & Co., Versmold
D EV 65	Hermann Wein GmbH & Co. KG, Schwarzwälder Schinken- und Speckräucherei, Freudenstadt
D EV 70	Langnese-Iglo GmbH, Werk Reken, Reken
D EV 73	Karl Könecke, Bremen
D EV 76	Fleischwerke Edmund Zimmermann GmbH & Co., Thannhausen
D EV 78	Nestle Deutschland AG, Maggi-Werk, Singen
D EV 84	Gebr. Popp-Feinkost KG, Kaltenkirchen
D EV 87	Fleischwarenfabrik Heinrich Nölke GmbH & Co. KG, Werk 2, Versmold
D EV 90	Conservenfabrik Eugen Lacroix, Frankfurt (Main)
D EV 92	Lutz Fleischwaren AG, Kulmbach
D EV 93	Nadler Werke GmbH, Bottrop
D EV 95	Nestlé Deutschland AG Allgäuer Alpenmilch-Werk Weiding, Polling
D EV 113	Tartex und Dr. Ritter Reformwaren GmbH, Freiburg i.Br.
D EV 125	Bürger GmbH & Co. KG, Ditzingen
D EV 128	Nestlé Deutschland AG, Herta-Werk, Berlin
D EV 133	Langnese-Iglo GmbH, Heppenheim

D EV 135	Apetito, Karl Duesterberg GmbH & Co. KG, Rheine
D EV 139	Nestlé Deutschland AG, Herta-Werk, Neuenkirchen/ Oldb.
D EV 141	Döllinghareico GmbH & Co. KG, Eimshorn
D EV 143	Hans Adler Schwarzwälder Fleischwaren, Bonndorf
D EV 154	Zamek Nahrungsmittelfabriken GmbH & Co. KG, Düsseldorf-Reisholz
D EV 159	Kaufland Fleischwaren GmbH und Co. KG, Neckarsulm
D EV 161	Schwarzwälder Schinken GmbH, Schiltach
D EV 164	Abraham Schinken GmbH & Co. KG, Seevetal
D EV 167	Karl Könecke Fleischwarenfabrik GmbH & Co. KG, Delmenhorst
D EV 172	Lutz Fleischwaren AG, Helmbrechts
D EV 183	Kraft GmbH, Fallingbostel
D EV 188	Bürger GmbH & Co. KG, Crailsheim
D EV 191	Abraham Schinken GmbH & Co. KG, Werk Harkebrügge, Barßel
D EV 196	Karl Könecke Fleischwarenfabrik GmbH & Co. KG, Berlin
D EV 203	Reinhard Wilke, Fleischwaren- und Konservenfabrik, Twistetal-Berndorf
D EV 212	Lutz Fleischwaren GmbH, Hammelburg
D EV 218	Hans Kupfer & Sohn GmbH & Co. KG, Heilsbronn
D NW-EV 221	Wiesenhof Geflügelwurst GmbH & Co. KG, Rietberg
D EV 225	Otto Reichelt Fleisch- und Wurstwaren GmbH, Berlin
D EV 237	Hipp-Werk, Pfaffenhofen
D EV 247	Wernsing Feinkost GmbH, Essen-Addrup
D EV 254	Vossko-Tiefkühlkost GmbH, Ostbevern
D EV 255	Pfanni-Werke GmbH & Co. KG, Zweigwerk Cloppenburg, Cloppenburg

D EV 290	Abraham Ammerländer Schinken GmbH & Co. KG, Edewecht
D EV 292	Zimbo Fleisch- und Wurstwarenproduktion GmbH & Co. KG, Borger
D EV 293	Rümke GmbH & Co. KG, Westfälische Fleisch- und Wurstwaren, Dissen a. TW
D EV 300	Dr. Oetker Tiefkühl-Backwaren GmbH, Wittlich
D EV 301	Nestlé Deutschland AG, Maggi-Werk, Lüdinghausen
D EV 311	Bestfoods Deutschland GmbH, Heilbronn
D EV 336	Fine Food Feinkost GmbH, Emsdetten
D EV 345	Franziska Stolle, Geflügelspezialitäten GmbH & Co. OHG, Steinfeld
D EV 356	Metten Fleischwaren GmbH & Co., Finnentrop
D EV 362	Freiberger Lebensmittel GmbH & Co. Produktions-Vertriebs KG, Berlin
D NI-EV 407	Beeck Feinkost GmbH & Co. KG, Cuxhaven
D NI-EV 547	Stöver Produktions GmbH & Co. KG, Fleischverarbeitungswerk Aldrup, Wildeshausen-Aldrup
D TH-EV 555	Nadler-Feinkost GmbH Bottrop, Zweigbetrieb Floh-Seligenthal, Floh-Seligenthal
D EV 717	Howe GmbH & Co. KG, Nürnberger Bratwurstfabrikation, Nürnberg
D EV 718	allfein Feinkost GmbH & Co. KG, Lohne
D EV 721	Lutz Fleischwaren AG, Landsberg am Lech
D EV 761	Fine Food Feinkost Mühlenberg GmbH & Co. KG, Wittenburg
D EV 829	Klaas und Pitsch, Freudenberg
D EV 830	Dr. Oetker Tiefkühlprodukte GmbH, Wittenburg
D EV 838	Zimbo Fleischwarenfabrik GmbH & Co. KG, Suhl

D EV 847	Schottke GmbH & Co. KG, Bremerhaven (Frosta)
D EV 866	Gebrüder Kupfer GmbH & Co. KG, Nürnberg
D EV 892	Zimbo Fleisch- und Wurstwarenproduktion GmbH & Co. KG, Borger Betriebsstätte Steinheim, Steinheim
D EV 917	B+C Tönnies Fleischwerk GmbH & Co. KG, Rheda-Wiedenbrück
D EV 924	Bestfood Deutschland GmbH & Co. OHG, Auerbach
D EV 929	Tamienhof Schwarzwälder Fleischwaren, Niedereschach
D EV 1000	Zimbo Fleisch- und Wurstwarenproduktion GmbH & Co. KG, Saarlouis
D EV 1062	Schöller Lebensmittel GmbH & Co. KG, Werk Tiefkühlkostherstellung, Uelzen
D EV 1084	Josef Bernbacher und Sohn GmbH & Co. KG, München
D EV 1085	Carl Kühne, Berlin
D EV 1165	Georg Stolle GmbH, Neutrebbin
D EV 1225	Karl Kemper GmbH, Borken
D EV 1318	Karl Kemper GmbH, Borken
D EV 1319	Edeka Südwest Fleisch GmbH, Heddesheim
D NW-EV 1450	Zamek Tiefkühlspezialitäten GmbH & Co. KG, Köln
D EV 1598	Lutz Fleischwaren AG
D EV 1640	Pfennigs Feinkostfabrik Hannover GmbH & Co., Sarstedt
D EV 1710	Wiesenhof Geflügelspezialitäten GmbH & Co., Lohne
D EV 1712	H. Kemper GmbH & Co. KG, Nortrup
D EV 1782	allfein Feinkost GmbH & Co. KG, Niederlassung Zerbst, Zerbst

Fischereierzeugnisse

In Deutschland zugelassene Betriebe für Fischereierzeugnisse (Auswahl)

D BE EFB 018	Freiberger Lebensmittel GmbH & Co. Produktions- und Vertriebs KG, Berlin
D BW EFB 020	Freiberger Lebensmittel GmbH & Co, Muggensturm
D BW EFB 046	Tartex und Dr. Ritter Reformwaren, Freiburg
D HB EFB 032	Paul Langbein GmbH
D HB EFB 036	Nadler Feinkost GmbH, Bremerhaven
D HB EFB 038	Frozen Fish International, Bremerhaven
D HB EFB 048	Schottke, Bremerhaven (Frosta)
D HH EFB 014	Beeck Feinkost GmbH, Hamburg
D NI EFB 002	Beeck Feinkost GmbH, Cuxhaven
D NI EFB 011	Norda-Lysell, Cuxhaven
D NI EFB 017	Appel Fisch Feinkost GmbH & Co. KG, Cuxhaven
D NI EFB 076	Costa Meeresspezialitäten Produktionsgesellschaft mbH, Emden
D NI EFB 080	Fritz Homann Lebensmittelwerke GmbH, Dissen
D NI EFB 089	Heinrich Hamker Lebensmittelwerke GmbH & Co. KG, Bad Essen-Lintrop
D NI EFB 102	Royal Greenland Seafood GmbH, Wilhelmshaven
D NW EFB 502	Apetito AG, Rheine
D NW EFB 501	Nadler Feinkost GmbH, Bottrop
D SH EFB 009	Hawesta-Feinkost, Hans Westphal GmbH & Co. KG, Lübeck
D SH EFB 066	Popp Feinkost GmbH, Kaltenkirchen
D TH EFB 555	Nadler Feinkost GmbH, Floh-Seelingenthal

Geflügelerzeugnisse In Deutschland zugelassene Geflügelfleischzerlegungsbetriebe (Auswahl)	
D EZG 57	Wiesenhof Geflügelspezialitäten, Bogen
D EZG 81	Gebr. Stolle GmbH & Co. KG, Visbek
D EZG 113	Wiesenhof Geflügelspezialitäten GmbH & Co, Zweigniederlassung Holte, Wietzen
D EZG 214	Wiesenhof Geflügelspezialitäten GmbH & Co., Lohne
D EZG 238	Fine Food Feinkost GmbH, Emsdetten
D EZG 257	Wiesenhof-Geflügel Möckern GmbH, Möckern
D EZG 259	Georg Stolle GmbH, Neutrebbing
D EZG 260	allfein Feinkost GmbH & Co. KG, Lohne
D EZG 270	Fine Food Feinkost GmbH, Wittenburg
D EZG 1782	allfein Feinkost GmbH & Co, Zerbst

Über die Autorin

Martina Schneider ist Lebensmitteltechnologin und Fachjournalistin für Ernährung. Als freie Autorin arbeitet sie für Fernsehen, Hörfunk und Presse. Zudem hält sie Seminare über Einkaufsberatung ab.

Literatur

Deutsches Lebensmittelbuch, Leitsätze 2003. Köln: Bundesanzeiger Verlag 2003

Lüdtke-Reißmann, Jan: Die Welt des Milchregals. Die Handelsunternehmen, die Handelsmarken und ihre Hersteller. Libri Books on Demand 1999, 2000

Brandes, Dieter: Konsequent einfach. Die Aldi-Erfolgsstory. München: Wilhelm Heyne Verlag 1998.

Register

Alle Beschreibungen und Klassifizierungen sind mit großer Sorgfalt erstellt. Eine Gewährleistung für Richtigkeit, Vollständigkeit und Irrtümer sowie daraus entstehende Schäden ist grundsätzlich ausgeschlossen. Geschützte Marken werden ohne Gewährleistung der freien Verfügbarkeit wiedergegeben. Die Namen sind entweder eingetragene Warenzeichen oder sollten als solche behandelt werden. Alle Rechte der erwähnten Marken liegen bei den jeweiligen Markeninhabern. Die Erwähnung in diesem Ratgeber erfolgt gem. § 23 Markengesetz.

Der Text dieses Buches entspricht den Regeln
der neuen deutschen Rechtschreibung.

ISBN 3 517 06780 6

Umschlaggestaltung: Atelier Versen, Bad Aibling
Konzeption und Realisation: ABC Medienagentur
Miriam Schmidt, Augsburg

Die Ratschläge in diesem Buch sind von der Autorin
und vom Verlag sorgfältig erwogen und geprüft, dennoch kann
eine Garantie nicht übernommen werden. Eine Haftung
der Autorin bzw. des Verlags und seiner Beauftragten
für Personen-, Sach- und Vermögensschäden ist ausgeschlossen.

Satz: Atelier Georg Lehmacher, Friedberg (Bay.), www.lehmacher.de
Druck: Druckerei Uhl, Radolfzell